●コンパクト 法学ライブラリ-8●

コンパクト
商法総則・商行為法
/手形・小切手法

小川 宏幸

新世社

はじめに

　本書は，大学学部生・法科大学院未修者に向けて，商法総則・商行為法と手形・小切手法のエッセンスをまとめたテキストである。コンパクトなパッケージを活かして当該科目の全体像を把握し，基本概念の正確な理解ができるよう構成している。また，本文，コラム，巻末資料の全てを通じてクロス・リファレンス（相互参照）を充実させることによって，読者の便宜も図っている。

　本書を執筆する上で念頭においたのは，必要な知識を厳選・整理して「分かり易く」提示すること，他方で具体的な理解に資するために多くの判例の紹介に努めたことである。これにより本書は，新司法試験等の各種国家試験を受験する際にも有用なものとなったと自負している。なお，「分かり易さ」が「正確性を欠く」こととならないよう，文章表現には細心の注意を払った。

　商法総則・商行為法にも，手形・小切手法にも，既に権威ある体系書が存在している。その中で敢えて本書の特色を挙げるならば商法総則・商行為法の分野においては，会社法総則にも言及しつつ，また現在作業が進められている「債権法改正」に対応した「商行為法に関する論点整理」の議論をコラムにおいて紹介することにより，本文では必ずしも触れられなかった問題点などを明らかにしていることである。いま一つは，手形・小切手法の分野について，近時成立した「電子記録債権法」（いわゆる「電子手形」を創設する法律）を解説するコラムを設けて，手形・小切手法と比較対照する形でその制度を説明していることである。これにより読者は，電子記録債権法を深く理解するためには，まずは手形・小切手法を習得することが必須であることを見出すであろう。

筆者は，現在，社会人大学院において教鞭を執っている。小川ゼミ（金融法）には，弁護士，（日米）公認会計士，税理士，司法書士の方々も所属しており，熱心に研究に励んでいる。彼ら・彼女らを指導していて痛感するのは，「盤石な基礎のないところに，応用はあり得ない」という至極単純な事実である。本書が，「盤石な基礎作り」の一助となれば幸いである。筆者のゼミ生である中野竹司さん（弁護士・公認会計士）には，初校に目を通してもらい貴重な助言を得た。記して謝意を表する。

　本書は，川村正幸先生（一橋大学名誉教授・駿河台大学長）からのご推薦を受けて執筆を開始したものである。ここに至ってようやく幾許かの恩返しができたと安堵している。また，本書の刊行にあたっては，新世社の御園生晴彦さんと石山雅文さんに大変お世話になった。記して謝意を表する。そして，常に良き理解者である私の両親に本書を捧げる。

　Last but not least, I extend my deepest thanks to Judge E. Richard Webber, my best friend and always a great mentor.

小川　宏幸
Hiroyuki Ogawa

目　次

I　商法総則　　1

- I-1　適用範囲 …………………………………………2
  - I-1-1　通　則 ………………………………2
  - I-1-2　商　人 ………………………………2
  - I-1-3　商行為 ………………………………4
- I-2　商業登記 …………………………………………9
  - I-2-1　意　義 ………………………………9
  - I-2-2　効　力 ………………………………9
  - I-2-3　不実の登記 ……………………………11
  - I-2-4　代理権消滅後の表見代理（民法112条）との関係 ……12
- I-3　商　号 ……………………………………………13
  - I-3-1　意　義 ………………………………13
  - I-3-2　名板貸 ………………………………14
- I-4　営業譲渡 …………………………………………19
  - I-4-1　意　義 ………………………………19
  - I-4-2　効　果 ………………………………19
- I-5　商業帳簿 …………………………………………24
  - I-5-1　意　義 ………………………………24
  - I-5-2　公正妥当な会計慣行 ……………………25
- I-6　商業使用人 ………………………………………27
  - I-6-1　支配人 ………………………………27
  - I-6-2　表見支配人 ……………………………28
  - I-6-3　支配人以外の商業使用人 ………………30

Ⅰ-7 代 理 商 …………………………………………………32
 Ⅰ-7-1 意　　義 …………………………………………32
 Ⅰ-7-2 代理商の義務と権利 ………………………………33

Ⅱ　商行為法   35

Ⅱ-1 商行為一般に関する通則 ……………………………………36
 Ⅱ-1-1 商行為の代理と委任 ………………………………36
 Ⅱ-1-2 多数当事者間の債務の連帯 ………………………38
 Ⅱ-1-3 商事法定利率 ………………………………………40
 Ⅱ-1-4 契約による質物の処分の禁止の適用除外 …………42
 Ⅱ-1-5 債務の履行場所と取引時間 ………………………42
 Ⅱ-1-6 商事消滅時効 ………………………………………43
Ⅱ-2 商行為に関する特則 …………………………………………46
 Ⅱ-2-1 当事者の双方が商人の場合 ………………………46
 Ⅱ-2-2 当事者の一方が商人の場合 ………………………49
Ⅱ-3 商事売買 ………………………………………………………53
 Ⅱ-3-1 意　　義 …………………………………………53
 Ⅱ-3-2 売主による供託と競売 ……………………………53
 Ⅱ-3-3 確定期売買における解除 …………………………54
 Ⅱ-3-4 買主による目的物の検査と通知 …………………55
 Ⅱ-3-5 買主による目的物の保管と供託 …………………57
Ⅱ-4 交互計算 ………………………………………………………59
 Ⅱ-4-1 成　　立 …………………………………………59
 Ⅱ-4-2 効　　果 …………………………………………59
 Ⅱ-4-3 終　　了 …………………………………………61

目次 v

- Ⅱ-5 匿名組合 …………………………………………………………62
  - Ⅱ-5-1 成　立 ……………………………………………………62
  - Ⅱ-5-2 効　果 ……………………………………………………62
  - Ⅱ-5-3 終　了 ……………………………………………………63
- Ⅱ-6 仲立営業 …………………………………………………………65
  - Ⅱ-6-1 意　義 ……………………………………………………65
  - Ⅱ-6-2 仲立人の義務と権利 ………………………………………65
- Ⅱ-7 問屋営業 …………………………………………………………68
  - Ⅱ-7-1 問屋の地位 …………………………………………………68
  - Ⅱ-7-2 問屋の義務と権利 …………………………………………69
- Ⅱ-8 運送取扱営業 ……………………………………………………71
  - Ⅱ-8-1 意　義 ……………………………………………………71
  - Ⅱ-8-2 運送取扱人の義務と権利 …………………………………71
- Ⅱ-9 運送営業 …………………………………………………………74
  - Ⅱ-9-1 意　義 ……………………………………………………74
  - Ⅱ-9-2 物品運送 ……………………………………………………74
  - Ⅱ-9-3 貨物引換証 …………………………………………………81
  - Ⅱ-9-4 旅客運送 ……………………………………………………83
- Ⅱ-10 寄　託 ……………………………………………………………85
  - Ⅱ-10-1 場屋営業 …………………………………………………85
  - Ⅱ-10-2 倉庫営業 …………………………………………………88

Ⅲ 手形・小切手法　　95

Ⅲ-1　有価証券 …………………………………………96
- Ⅲ-1-1　意　義 …………………………………96
- Ⅲ-1-2　手形・小切手の利用 …………………96
- Ⅲ-1-3　当座勘定取引契約 ……………………97
- Ⅲ-1-4　信用純化の制度 ………………………98
- Ⅲ-1-5　手形・小切手関係と実質関係（原因関係）………100
- Ⅲ-1-6　手形・小切手関係が原因関係に及ぼす影響 ……100

Ⅲ-2　手形行為 …………………………………………103
- Ⅲ-2-1　意　義 …………………………………103
- Ⅲ-2-2　方　式 …………………………………105
- Ⅲ-2-3　特　色 …………………………………106
- Ⅲ-2-4　民法の規定との関係 …………………108

Ⅲ-3　手形の記載事項 …………………………………113
- Ⅲ-3-1　必要的記載事項 …………………………113
- Ⅲ-3-2　有益的記載事項 …………………………116
- Ⅲ-3-3　無益的記載事項 …………………………118
- Ⅲ-3-4　有害的記載事項 …………………………118

Ⅲ-4　白地手形 …………………………………………119
- Ⅲ-4-1　意　義 …………………………………119
- Ⅲ-4-2　成立要件 ………………………………119
- Ⅲ-4-3　白地手形の譲渡と権利行使 …………120
- Ⅲ-4-4　白地補充権の行使 ……………………121
- Ⅲ-4-5　白地補充権の濫用 ……………………121

Ⅲ-5　他人による手形行為 ……………………………124
- Ⅲ-5-1　代理方式と機関方式 …………………124
- Ⅲ-5-2　無権代理と表見代理 …………………124

Ⅲ-5-3	偽　　造	………………………………………	127
Ⅲ-5-4	変　　造	………………………………………	129
Ⅲ-5-5	代理権・代表権限の濫用	…………………………	131

Ⅲ-6　裏　　書 ……………………………………………………132
- Ⅲ-6-1 意　　義 ………………………………………………132
- Ⅲ-6-2 債権譲渡と裏書 ………………………………………135
- Ⅲ-6-3 裏書の効力 ……………………………………………136
- Ⅲ-6-4 善意取得 ………………………………………………140
- Ⅲ-6-5 特殊の裏書 ……………………………………………143

Ⅲ-7　手形抗弁 …………………………………………………147
- Ⅲ-7-1 債権譲渡と抗弁の承継 ………………………………147
- Ⅲ-7-2 物的抗弁と人的抗弁 …………………………………148
- Ⅲ-7-3 人的抗弁の制限 ………………………………………149
- Ⅲ-7-4 善意者の介在と人的抗弁 ……………………………151
- Ⅲ-7-5 戻裏書による再取得と人的抗弁 ……………………152
- Ⅲ-7-6 後者の抗弁──人的抗弁の個別性 …………………153
- Ⅲ-7-7 二重無権の抗弁 ………………………………………154

Ⅲ-8　約束手形の支払 …………………………………………156
- Ⅲ-8-1 支払呈示 ………………………………………………156
- Ⅲ-8-2 受戻証券性 ……………………………………………157
- Ⅲ-8-3 手形書換 ………………………………………………158
- Ⅲ-8-4 手形交換と不渡り ……………………………………159
- Ⅲ-8-5 支払免責 ………………………………………………160
- Ⅲ-8-6 遡　　求 ………………………………………………163
- Ⅲ-8-7 消滅時効 ………………………………………………164
- Ⅲ-8-8 公示催告と除権決定 …………………………………167
- Ⅲ-8-9 利得償還請求権 ………………………………………168

Ⅲ-9　手形保証 …………………………………………………171
　　　Ⅲ-9-1　手形保証独立の原則 ……………………………171
　　　Ⅲ-9-2　隠れた手形保証 …………………………………172
Ⅲ-10　為替手形 ………………………………………………174
　　　Ⅲ-10-1　意　　義 ………………………………………174
　　　Ⅲ-10-2　振出の法的性質 …………………………………174
Ⅲ-11　小　切　手 ……………………………………………176
　　　Ⅲ-11-1　意　　義 ………………………………………176
　　　Ⅲ-11-2　線引小切手 ………………………………………178
Ⅲ-12　手形・小切手訴訟 ……………………………………180
　　　Ⅲ-12-1　意　　義 ………………………………………180
　　　Ⅲ-12-2　手　　続 ………………………………………181

巻末資料 ……………………………………………………………183
【1】商業登記（商号・支配人の登記）の例　(184)
【2】商法総則・商行為法における条数対応表　(185)
【3】債務引受の挨拶状の例　(188)
【4】営業譲受け公告の例（債務を引き継がない旨が明記された場合）　(189)
【5】総勘定元帳（一部）の例　(190)
【6】貸借対照表（要旨）と損益計算書（要旨）の例　(191)
【7】売主の担保責任に関する民法の規定　(192)
【8】結　約　書　(193)
【9】運送状の例　(194)
【10】貨物引換証　(194)
【11】倉荷証券　(195)
【12】荷渡指図書　(196)
【13】約束手形　(197)
【14】為替手形　(198)
【15】小　切　手　(199)
【16】電子記録債権の基本的イメージ　(200)
【17】手形債権・電子記録債権・指名債権の比較一覧表　(202)
【18】裏書の効力　(203)
【19】手形法と小切手法の構造比較表　(204)

事項索引 ……………………………………………………………205
判例索引 ……………………………………………………………211
おわりに ……………………………………………………………219

【第Ⅱ編コラム：債権法改正における論点】
  ① 商行為の代理　(37)
  ② 多数当事者間の債務の連帯　(39)
  ③ 商人の利息請求権　(47)
  ④ 商人の諾否通知義務と物品保管義務　(51)
  ⑤ 買主による目的物の検査と通知　(56)
  ⑥ 段階的交互計算　(60)
  ⑦ 商事仲立と民事仲立　(67)
  ⑧ 場屋営業者の責任と明告　(88)

【第Ⅲ編コラム：電子記録債権法では】
  ① 電子記録債権法の概要　(98)
  ② 電子債権記録機関　(98)
  ③ 電子記録債権と原因債権との関係　(102)
  ④ 電子記録債権の発生　(104)
  ⑤ 電子記録債権と意思表示上の瑕疵に関する特則　(111)
  ⑥ 電子記録債権における必要的記録事項　(116)
  ⑦ 電子記録債権における任意的記録事項　(117)
  ⑧ 変更記録の瑕疵　(130)
  ⑨ 電子記録債権の譲渡　(133)
  ⑩ 譲渡禁止特約付の電子記録債権　(134)
  ⑪ 電子記録債権の一部譲渡　(136)
  ⑫ 電子記録債権の善意取得　(141)
  ⑬ 電子記録債権と人的抗弁の切断　(155)
  ⑭ 電子記録債権と決済　(159)
  ⑮ 電子記録債権の消滅と支払免責　(161)
  ⑯ 電子記録債権の消滅時効　(166)
  ⑰ 電子記録債権と利得償還請求権　(170)
  ⑱ 電子記録保証　(172)
  ⑲ 電子記録債権と簡易な訴訟制度　(182)

凡　例

（1）判例の略号について

民　　集　　最高裁判所（大審院）民事判例集
民　　録　　大審院民事判決録
刑　　集　　最高裁判所（大審院）刑事判例集
高　　民　　高等裁判所民事判例集
下　　民　　下級裁判所民事判例集
判　　タ　　判例タイムズ
判　　時　　判例時報
金　　判　　金融・商事判例
金　　法　　旬刊金融法務事情
商事法務　　旬刊商事法務
新　　聞　　法律新聞
評　　論　　法律学説判例評論全集
法　　学　　法学（東北帝国大学法学会）

＊「最判平20・1・28民集62・1・128」とあれば，「最高裁判所平成20年1月28日判決　最高裁判所民事判例集62巻1号128頁登載」という意味である。

（2）本書の第Ⅱ編では，現在法制審議会で検討がなされている債権法改正における商行為法についての議論を紹介するため，コラム「債権法改正における論点」を設けた。コラム中の「WG ○-○頁」という記述は，法制審議会に先立って行われた研究会「民法（債権法）改正検討委員会」の商行為法分野の検討を行うワーキンググループが出した最終報告書「商行為法に関する論点整理」（http://www.shojihomu.or.jp/saikenhou/shingiroku/shiryou0601.pdf）の，当該コラムのテーマと対応する箇所を示している。

I

商法総則

- ☐ I-1　適用範囲
- ☐ I-2　商業登記
- ☐ I-3　商　号
- ☐ I-4　営業譲渡
- ☐ I-5　商業帳簿
- ☐ I-6　商業使用人
- ☐ I-7　代理商

I-1 適用範囲

I-1-1 通則

　商法1条1項は,「商人の営業,商行為その他商事については,他の法律に特別の定めがあるものを除くほか,この法律の定めるところによる」と規定している。さらに,同条2項においては,「商事に関し,この法律に定めがない事項については商慣習に従い,商慣習がないときは,民法の定めるところによる」として,いわゆる「特別法（商法）は一般法（民法）を破る」旨が規定されている。

　では,商法は具体的にはどのような場面において適用されるのか。この点,原則として,当事者の一方のために「商行為」となる行為については,商法が双方に適用され（3条1項）,また,当事者の一方が2人以上ある場合において,その1人のために商行為となる行為については,やはり商法がその全員に対して適用されることになる（同条2項）。そこで,商法の適用範囲を画するために,「商人」および「商行為」の意義がそれぞれ問題となる。

I-1-2 商人

　商法において商人とは,「自己の名をもって商行為をすることを業とする者」と定義されている（4条1項）。ここに,「自己の名をもって商行為をする」とは（なお,商号につきI-3参照）,自己が法律上商行為より生ずる権利義務の主体となることをいい,営業者として行政官庁に届け出ているかどうかは問われない（大判大8・5・19民

録25・875）。また，「店舗その他これに類似する設備によって物品を販売することを業とする者又は鉱業を営む者」については，たとえ「商行為」を行うことを業としない者であっても，「商人」とみなされることになる（4条2項）。これを擬制商人という。なお，未成年者が同条に規定される営業を行うときは，その登記をしなければならない（5条）。その趣旨は，取引の相手方を保護する点にある。

また，商人のうち，その営業のために使用する財産の価額が50万円未満の者を小商人（こしょうにん）といい（改正商法施行規則3条1・2項），この小商人については，商法5条（未成年者登記），6条（後見人登記），8・9・10条（商業登記，Ⅰ-2参照），11条2項（商号選定，Ⅰ-3-1参照），15条2項（商号の譲渡），17条2項前段（譲渡人の商号を使用した譲受人が債務を弁済する責任を負わない旨の登記，Ⅰ-4-2参照），19条（商業帳簿，Ⅰ-5参照），および22条（支配人の登記，Ⅰ-6-1参照）の各規定は，適用されない（7条）。小商人に対してこうした規定を設けた趣旨は，商人といってもその営業規模が極めて小さな者が存在するため，商法上の規定を全て適用するのは必ずしも合理的ではないことが考慮されたからである。

会社がその事業としてする行為およびその事業のためにする行為は，商行為とされているために（会社法5条），会社は，自己の名をもって商行為をすることを業とするものとして，「商人」に該当することになる（商法4条1項）。そうすると，商人である会社の行為は，「商行為」と推定されることになるので（同法503条2項），この点を争う者において，当該行為が当該会社の事業と無関係であることの主張立証責任を負うことになる（最判平20・2・22民集62・2・576）。例えば，会社による貸付けが代表者の情宜に基づいてされたとみる余地があるとしても，それだけでは会社の事業と無関係であることの立証がされたということはできない。

このようにその行為が商行為とされる会社とは異なり，信用金庫法に基づいて設立された信用金庫は，あくまで国民大衆のために金融の円滑を図りその貯蓄の増強に資するために設けられた協同組織による金融機関であって，信用金庫の行う業務は営利を目的とするものではないから，商法上の「商人」には当たらないと判示されている（最判昭 63・10・18 民集 42・8・575）。同様に，中小企業等協同組合法に基づいて設立された信用協同組合も，組合員の事業・家計の助成を図ることを目的とする共同組織であって，その業務は営利を目的とするものではないというべきであるから，商法上の「商人」には当たらないと判示されている（最判平 18・6・23 判時 1943・146）。しかし，信用協同組合が商人たる組合員へ貸付を行う場合には，商法 503 条（附属的商行為，Ⅰ-1-3 (3) 参照）・同法 3 条 1 項（一方的商行為，Ⅰ-1-1 参照）に基づき，「商行為によって生じた債権」（同法 522 条）として商事消滅時効の規定に服することになる（最判昭 48・10・5 判時 726・92）。

Ⅰ-1-3　商 行 為

次に「商行為」であるが，商法は以下の (1) 絶対的商行為（501 条各号），(2) 営業的商行為（502 条各号），そして (3) 附属的商行為（503 条 1 項）の 3 つを規定する。なお，(1)・(2) を基本的商行為，(3) を補助的商行為ともいい，(1)・(2) は共に限定列挙規定である。

(1) 絶対的商行為（501 条各号）

絶対的商行為とは，その行為の性質から当然に商行為となる行為をいう。誰が行っても，また，1 回限りで行われるものであっても，商

行為とされるものをいい，501条1号から4号の4種類がある。

まず，同条1号は，「利益を得て譲渡する意思をもってする動産，不動産若しくは有価証券の有償取得又はその取得したものの譲渡を目的とする行為」を絶対的商行為として掲げている。ここでは，譲り受けた物品をそのまま譲渡して利益を図るか，または，これに加工をし，あるいはこれを原料として他の物品を製造し，これを譲渡して利益を得るかは無関係であるので，例えば，土を買い入れてこれで瓦を製造販売する営利行為も，同号の絶対的商行為に該当することになる（大判昭4・9・28民集8・769）。

次に，同条2号は，「他人から取得する動産又は有価証券の供給契約及びその履行のためにする有償取得を目的とする行為」を絶対的商行為として掲げる。同条1号とは逆に，投機売却と実行購買を行うことを意味している。

そして，同条3号は，「取引所においてする取引」を絶対的商行為として掲げる。取引所で行われる取引は，投機売買の典型である。

最後に，同条4号は，「手形その他の商業証券に関する行為」を絶対的商行為として掲げる。ここにいう商業証券には，約束手形（Ⅲ-1参照），為替手形（Ⅲ-10参照），小切手（Ⅲ-11参照）などが含まれ，これら証券上の権利を発生・変動させる行為を意味する。

(2) 営業的商行為（502条各号）

営業的商行為とは，営利の目的をもって，しかも，反復・継続して行う場合に，初めて商行為とされるものをいう。502条は，営業的商行為として，以下の13の行為を掲げる。

- 「賃貸する意思をもってする動産若しくは不動産の有償取得若しくは賃借又はその取得し若しくは賃借したものの賃貸を目的とする行為」（1号）

- 「他人のためにする製造又は加工に関する行為」(2号)

賃金を得て精米をする賃搗き業務も，主として自己の労力で行う場合には，もっぱら賃金を得る目的でする行為であり，営業的商行為には該当しない（同条但書）。しかし，相当の資本を投じて主として機械力を利用する設備経営の下に精米を請け負う場合は加工業として，本号にいう営業的商行為とされる（大判昭18・7・12民集22・539）。なお，例えば，「電気部品の製造・販売業者」は「商人」であり（同条2号・4条1項），この商人が「製品を販売する行為」は「附属的商行為」（503条，Ⅰ-1-3 (3) 参照）となる。

- 「電気又はガスの供給に関する行為」(3号)
- 「運送に関する行為」(4号)

運送営業（Ⅱ-9）を参照。

- 「作業又は労務の請負」(5号)
- 「出版，印刷又は撮影に関する行為」(6号)
- 「客の来集を目的とする場屋における取引」(7号)

ここに「場屋における取引」とは，客に一定の設備を利用させることを目的とする取引をさす。したがって，理髪業者の営業的設備は理髪のためだけのものであって客に利用させるためのものではないから，理髪業者と客との間には，理髪という請負または労務に関する契約が存するだけであり，「場屋における取引」があるとはいえないと判示された（大判昭12・11・26民集16・1681）。他方，例えば，「旅館を営む行為」は「客の来集を目的とする場屋における取引」であり，これを営む者は「商人」となる（502条7号・4条1項）。そして，この商人が「無償で客を送迎することを引き受ける行為」は「附属的商行為」（503条，Ⅰ-1-3 (3) 参照）である。

- 「両替その他の銀行取引」(8号)

たとえ，金貸しを業とする者が，他人に金銭の貸付をする場合で

あっても，預金その他の方法によって収受した金銭を他人の需要に供する媒介行為をする場合でなければ，本号にいう「銀行取引」には該当しないとされる（大判昭13・2・28新聞4246・16）。よって，貸金業者の貸付行為は，本号の「両替その他の銀行取引」には該当せず，その上，貸金業者であるというだけでは「商人」ともいえないため（Ⅰ-2参照），当該貸付行為は商行為であると認めることはできず，これに関して商事消滅時効（Ⅱ-1-6参照）の主張はできないことになる（東京高判平4・4・28判タ801・222）。また，個人の質屋営業者による金員貸付行為も，本号の「銀行取引」には該当しないと判示された（最判昭50・6・27判時785・100）。その理由は，貸金業者の場合も，質屋営業者の場合も，前述した「預金その他の方法によって収受した金銭を他人の需要に供する媒介行為」を欠いているからである。

- 「保険」（9号）

 保険料収入と保険金支払との差額を利得する目的で行われる保険（営利保険）をさす。

- 「寄託の引受け」（10号）

 倉庫営業（Ⅱ-10-2）を参照。

- 「仲立ち又は取次ぎに関する行為」（11号）

 仲立ちとは，他人間の法律行為の成立に尽力する事実行為，すなわち媒介を意味する（Ⅱ-6参照）。そして，婚姻（民法第4編第2章）は法律行為であり，その媒介を引き受ける行為は「仲立ちに関する行為」であるから，これを営業として行えば，本号に該当し営業的商行為になる。すなわち，手数料を取って結婚相手の紹介を業とする行為は，営業的商行為の一つである仲立ちに当たることとなる。また，宅地建物取引業者は，「他人間の商行為の媒介を業とする者」ではないから商事仲立人ではないが（商法543条，Ⅱ-6参照），

「仲立ちに関する行為」を営業とする者として,「商人」には該当することとなる（最判昭44・6・26民集23・7・1264）。
- 「商行為の代理の引受け」（12号）
- 「信託の引受け」（13号）

(3) 附属的商行為（503条1項）

　商法は,「商人がその営業のためにする行為」は商行為となると規定している（同法503条）。例えば,商人が雇い主として締結する雇用契約は,その営業のためにする行為と推定される（最判昭30・9・29民集9・10・1484）。ここにいう商行為は附属的商行為と呼ばれ,絶対的商行為・営業的商行為以外でも,営業のための手段的行為であるものを指す。そして,商人のする行為は,「営業のためにする」ものと推定される（同条2項）。

　特定の営業を開始する目的でその準備行為をした者は,その行為により営業を開始する意思を実現したものであり,「商人」たる資格を取得する。よって,その準備行為も「商人がその営業のためにする行為」として,商行為になる（最判昭33・6・19民集12・10・1575）。ここに営業の準備行為とは,相手方はもとより,それ以外の者にも客観的に開業準備行為と認められ得るものであることが必要である。例えば,金銭を借り入れる行為は,特段の事情のない限り,開業準備行為であるとすることはできないが,もし取引の相手方がこの事情を知っているときは,開業準備行為として商行為性が認められることとなる（最判昭47・2・24民集26・1・172）。

Ⅰ-2　商業登記

Ⅰ-2-1　意　　義

　商業登記とは，商人に関する一定の事項を商業登記簿に記載して行う登記をいう（商法 8 条）。その制度趣旨は，商人に関する一定の情報を公示させ，第三者が安心して取引できるようにすることである。商業登記事項（巻末資料 1 参照）としては，商号の選定（11 条 2 項）や支配人の選任・終任（22 条）等がある（商号については Ⅰ-3 を，支配人については Ⅰ-6-1 を，それぞれ参照）。登記した事項に変更が生じ，またはその事項が消滅したときは，当事者は，遅滞なく，変更の登記または消滅の登記をしなければならない（10 条）。なお，旧商法 39 条において設けられていた共同支配人の制度（複数の支配人が代理権を共同で行使すべき旨の制限）は廃止されたので，これを登記することはできない（巻末資料 2 参照）。

Ⅰ-2-2　効　　力

　原則として，登記すべき事項は，登記の後でなければ，その事項を善意の第三者に対抗することができない（9 条 1 項 1 文）。例えば，終任後の無権代理について，営業主は終任の登記がないと代理行為の効果を否定できない。すなわち，商人が支配人を解任したにもかかわらずその旨の登記をしていない場合，解任を知らなかった第三者との関係では，当該商人は，解任の事実を主張することができないこととなる。もっとも，登記事項の登記をしなければ当事者が当該事

実を善意の第三者に対抗できないというにとどまり，第三者の側から右事実を主張することは妨げられないとされる（大判明41・10・12民録14・999）。このように，9条1項は，あくまで登記当事者が登記すべき事項を第三者に主張できる場合を規定したものにすぎない。よって，会社の清算人から動産を買い受けた者が第三者に対して右所有権を主張するような，第三者相互間においては同条同項の適用はなく，清算人選任登記の効力の有無にかかわらず，右買受人はその所有権を主張することが可能となる（最判昭29・10・15民集8・10・1898）。また，9条1項は，会社と実体法上の取引関係に立つ第三者を保護するために登記をもって対抗要件としているのであるから，実体法上の取引行為でない民事訴訟において当事者である会社を代表する権限を有する者を定めるに当たっては，同条同項は適用されないことになる（最判昭43・11・1民集22・12・2402）。

なお，たとえ真正な支配人の登記を行っていたとしても，24条に基づいて表見支配人の責任が成立する場合には（I-6-2参照），同条の規定が優先され，9条1項1文の適用は排除されることになる。

他方で，たとえ登記の後であっても，第三者が正当な事由によってその登記があることを知らなかった場合には，当該事項を善意の第三者に対抗することができないとも規定されている（9条1項2文）。ここに「正当な事由」とは，交通が途絶した場合のように登記を知ろうとしても知り得ない客観的障害が存在する場合と解される。この点に関する具体的な事案としては，代表取締役の資格を喪失し，その登記がなされた者から手形の振出交付（Ⅲ-2参照）を受けた者が，右登記事項につき登記簿を閲覧することが可能な状態にあったので，代表取締役の資格喪失を知らなかったことにつき，「正当の事由」があったとはいえないと判断された例がある（最判

昭52・12・23判時880・78)。

I-2-3　不実の登記

「故意又は過失によって不実の事項を登記した者は，その事項が不実であることをもって善意の第三者に対抗することができない」(9条2項)。その趣旨は，一旦自ら実体と異なる登記を行った者に対して，後にこれを翻すことを許さないという禁反言にある。

この規定が適用されるためには，原則として，登記自体が登記申請権者の申請に基づいてされたものであることが必要である。そうでない場合には，登記申請権者が何らかの形で当該登記の実現に加功し，またはその不実登記の存在が判明しているのにこれを放置するなど，当該登記が申請権者の申請に基づく登記と同視するのを相当とするような特段の事情がない限りは，登記名義者は責任を負わないことになる（最判昭55・9・11民集34・5・717）。例えば，取締役でない者について取締役就任の不実登記がなされた場合，その就任登記につき取締役とされた本人（A）が承諾を与えたときは，Aも不実登記の出現に加功したと評価できるから，商法9条2項を「類推適用」して，Aに故意または過失がある限り，登記事項の不実なことを善意の第三者に対抗できないと判示されたことがある（最判昭47・6・15民集26・5・984）。

会社法908条2項は，商法9条2項と同じく，「故意又は過失によって不実の事項を登記した者は，その事項が不実であることをもって善意の第三者に対抗することができない」と規定している。例えば，取締役を辞任した者（A）が，登記申請権者である会社の代表取締役に対し，辞任登記を申請しないで不実登記を残存させることにつき明示的に承諾を与えていたなどの特別の事情がある場合に

は，会社法908条2項が「類推適用」される結果として，Aは自らが取締役を既に辞任していることを善意の第三者に対しては主張できず，同法429条1項に基づく責任を負うと判示されたことがある（最判昭62・4・16判時1248・127）。

I-2-4 代理権消滅後の表見代理（民法112条）との関係

代表取締役の退任および代表権の喪失につき登記したときは，その後にその者が会社代表者として第三者とした取引については，もっぱら会社法908条1項が適用され，民法112条の適用ないし類推適用の余地はないとされている（最判昭49・3・22民集28・2・368）。

かかる判例の趣旨は，代表取締役の退任と同様に登記事項とされている支配人の退任（商法22条）についても妥当すると解される。すなわち，右判例の趣旨に照らせば，商人が支配人を解任し，その旨の登記をした後は，第三者が正当な事由によってその登記があることを知らなかったときでない限り，当該商人は善意の第三者に対しても解任を対抗することができ，解任された支配人が支配人と称して当該商人をなおも代理して第三者と契約を締結したとしても，表見代理が成立する余地はないということになる。

なお，社会福祉法人の理事の退任も登記事項とされており，その登記がなされれば，理事の代表権の喪失を第三者に対抗することができるのであり，右退任理事がその後に行った取引については，第三者が登記簿を閲覧することが不可能ないし著しく困難であるような特段の事情がない限り，民法112条の適用ないし類推適用の余地はないと判示されたことがある（最判平6・4・19民集48・3・922）。

I-3 商　号

I-3-1　意　義

　商号とは，商人がその営業上，自己を表示するために用いる名称をいう。商号は商人の営業上の名称であるから，商号の成立には，営業の存在を前提とするが，営業が全面的に展開していることを要せず，その準備行為が存在すれば足りる（大決大 11・12・8 民集 1・714）。商人が数種の独立した営業をし，または数個の営業所を有する場合，それら各営業または営業所について，別異の商号を有することは妨げられない。しかし，同一営業について同一営業所で数個の商号を有することは許されない（大決大 13・6・13 民集 3・280）。これを，商号単一の原則という。

　商号の登記は，営業所ごとにしなければならない（商業登記法 28 条 1 項，商業登記について I-2 参照）。商号の登記において登記すべき事項は，商号（同条 2 項 1 号）・営業の種類（2 号）・営業所（3 号）そして，商号使用者の氏名および住所（4 号）である（巻末資料 1 参照）。ただし，商号の登記は，その商号が他人の既に登記した商号と同一であり，かつ，その営業所の所在場所が当該他人の商号の登記に係る営業所の所在場所と同一であるときは，することができないとされている（同法 27 条）。

　商法 11 条 1 項は，「商人……は，その氏，氏名その他の名称をもってその商号とすることができる」と規定し，必ずしも商号と営業の実態とが合致することを要しないという商号選定自由の原則を採用する。なお，その反対概念は，商号真実主義である。商号選定自

由の原則を採用した趣旨は，商号を選定・使用する商人の利益を重視したからである。会社の場合は，商号は絶対的登記事項であるが（会社法911条3項2号・912条2号・913条2号・914条2号），商人は，その商号の登記をすることができるとされているにとどまる（11条2項，小商人（Ⅰ-1-2参照）を除く）。ただし，何人も，「不正の目的」をもって，他の商人であると誤認されるおそれのある名称または商号を使用してはならないとされる（12条1項）。ここに不正の目的とは，自己の営業をあたかも他の商人の営業であるかのような誤認を生じさせて，自己の企業活動を有利に展開しようとする意思をいう。この12条1項に違反すると，100万円以下の過料に処せられる（13条）。さらに，この規定に違反する名称または商号の使用によって営業上の利益を侵害され，または侵害されるおそれがある商人は，その営業上の利益を侵害する者または侵害するおそれがある者に対して，その侵害の停止または予防を請求することができる（12条2項）。

　商号は，商人の信用と名声の化体であり財産的価値を有し，相続の目的ともされている（商業登記法30条3項参照）。そこで，商号の譲渡を認めることによって当該商人の経済的利益回収の途を認めつつも，営業譲渡（Ⅰ-4参照）と一緒か，あるいは営業自体を廃止する場合でなければ，商号の譲渡を認めないことにして（15条1項），取引相手の誤認防止を図っている。商号の譲渡は，登記をしなければ，第三者に対抗することができない（同条2項）。

Ⅰ-3-2　名板貸

　商法14条は，自己の商号を使用して，①「営業又は事業」を行うことを，②「他人に許諾した」商人（名板貸人）は，当該商人が

当該営業を行うものと③「誤認して」当該他人（名板借人）と取引をした者に対し，当該他人と連帯して，④「当該取引によって生じた債務を弁済する責任」を負うと規定している。このように，名板貸人の責任が生ずるのは，名板貸人が「商人」の場合に限られることが明文化された（旧商法 23 条は，「自己の氏，氏名又は商号を使用して営業を為すことを他人に『許諾したる者』」と規定しているに過ぎなかった）。

名板貸の成立が認められた具体例として，例えば，東京地方裁判所が「東京地方裁判所厚生部」という名称を用いて他と取引することを認め，その職員に地方裁判所総務局厚生係に充てた部室を使用することを認めていた等の事情がある場合が挙げられる（最判昭 35・10・21 民集 14・12・2661）。また，商法 14 条の「類推適用」によって名板貸人の責任を認めている例として，以下がある。すなわち，スーパーマーケット A の屋上で，テナントとして B がペットショップを経営していたが当該店舗の外部には A の商標を表示した大きな看板が掲げられるとともに，屋上案内板等には「ペットショップ」とのみ記載され，営業主体が A か B かは明らかにされていなかった。そのため，一般客が営業主体を A と誤認するのもやむを得ない外観があり，かつ，A と B との契約によって B は A の統一的営業方針に従うという事情が存在している場合，A は，商法 14 条の類推適用によって，一般客と B との間のインコの売買契約に関して，名板貸人と同様の債務不履行責任を負うと判示された（最判平 7・11・30 民集 49・9・2972）。

①「営業または事業」について

名板貸とは，商人が，他人に対して自己の商号を使用して，営業・事業をすることを許諾することをいう。「営業・事業」には，単に手形行為（Ⅲ-2 参照）をすることは含まれない（最判昭 42・6・6 判時 487・56）。もっとも，A が B に自己の名称で営業することを許諾し

た場合において，Bが当該名称で営業を営むことはしなかったが，当該名称で銀行と当座勘定取引契約（Ⅲ-1-3参照）を結び，その口座を利用してBの営業のためにA名義で手形を振り出したときは，Aは，A名義の手形が決済されてきた状況を確かめた上で裏書譲渡（Ⅲ-6参照）を受けた者に対して，商法14条の類推適用により，手形金の支払義務を負うことになる（最判昭55・7・15判時982・144）。

②「他人に許諾した」について

営業としてする薬局の開設者として自己の名義を使用することを他人に許容し，右薬局の登録申請がなされた場合に，「許諾」の存在が認められた事件がある。その申請を通じて自己が当該薬局の営業者となることの意思を表示したといえるというのが，その理由である（最判昭32・1・31民集11・1・161）。

さらに例えば，Aが，その営んでいた電気器具商をやめるに際し，従前店舗に掲げていた看板をそのままにし，その名義の印鑑等を店舗に置いたままにしておいたところ，Aの営業当時の使用人であるBが，右店舗を使用して看板通りの商号で食料品店を経営し，これをAが了知していた等の事情がある場合にも，名板貸の成立が認められたことがある（最判昭43・6・13民集22・6・1171）。

また，特段の事情がない限り，商号使用の「許諾」を受けた者の営業が，その「許諾」をした者の営業と同種の営業であることが必要である（最判昭43・6・13民集22・6・1171）。業種が異なれば，次に述べる③「誤認」が生じる可能性が少ないといえるためである。したがって，例えば，ミシンの販売を許可したところ，電気器具の購入・販売が行われたような場合，名板貸人としての責任は否定されよう。なお，取引相手たる第三者の保護は，民法110条の表見代理によることが考えられる。

③「誤認」について

商法が名板貸人の連帯責任を定めた趣旨は，名板貸人Aを真実の営業者であると誤認して，第三者Cが名板借人Bと取引をしたときに，Aが営業主であるという外観を信頼した者Cに不測の損害が及ぶのを防止する点にある。そして，このような外観に対する信頼の保護という制度趣旨，また，重過失は悪意と同視すべきであるから，Cは善意・無重過失でなければ保護されない（最判昭41・1・27民集20・1・111）。なお，Cが悪意・重過失であることの立証責任は，Aにある（最判昭43・6・13民集22・6・1171）。

④「当該取引によって生じた債務を弁済する責任」について

不法行為に基づく損害賠償義務については，それが事実的不法行為による場合は，名板貸人の責任が否定される。すなわち，「当該取引によって生じた債務を弁済する責任」とは，第三者において，名義貸与者が営業主であるとの外観を信じて取引に入ったため，名義貸与を受けた者がその取引をしたことによって負担することとなった債務を指すのであり，交通事故その他の事実行為たる不法行為に起因して負担した損害賠償債務は含まれない（最判昭52・12・23民集31・7・1570）。外観に対する信頼の保護という名板貸の制度趣旨が妥当しないためである。

これに対して，取引的不法行為の場合は，名板貸人の責任が肯定される。例えば，名板借人の詐欺的取引によって損害が発生した事例において最高裁判所は，以下のように判示した。すなわち，上述したように商法14条の趣旨は，第三者が名義貸与者を真実の営業者であると誤認して名義貸与を受けた者との間で取引をした場合に，その外観を信頼した第三者を保護することにあるから，名義貸与を受けた者が取引行為の外形を持つ不法行為により負担することになった損害賠償債務も，「当該取引によって生じた債務」に含まれる

と判示したのである（最判昭 58・1・25 判時 1072・144）。

　さらに例えば，自己の商号を使用して売買することを他人に許可した者は，右他人がその売買契約の解除によって負った「手付金返還債務」について，連帯して弁済の責めに任ずると判示されたこともある（最判昭 30・9・9 民集 9・10・1247）。

I-4　営業譲渡

I-4-1　意　義

　営業譲渡とは，一定の営業目的のため組織化され，有機的一体として機能する財産（得意先関係等の経済的価値ある事実関係を含む）の全部又は重要な一部を譲渡し，これによって譲渡会社がその財産によって営んでいた営業的活動の全部又は重要な一部を譲受人に受け継がせ，譲渡会社からの譲渡の限度に応じ法律上当然に競業避止義務（商法16条）を負う結果を伴うものをいうと解される（最大判昭40・9・22民集19・6・1600）。営業譲渡は，商人が転業・廃業を欲するときに既存営業の簡易な清算方法となると同時に，企業維持にも役立つ。

I-4-2　効　果

(1) 譲渡人の競業避止義務
　営業を譲渡した商人（譲渡人）は，当事者の別段の意思表示がない限り，同一の市町村の区域内およびこれに隣接する市町村の区域内においては，その営業を譲渡した日から20年間は，同一の営業を行ってはならない（16条1項）。譲渡人が同一の営業を行わない旨の特約をした場合，その特約は，その営業を譲渡した日から30年の期間内に限り，その効力を有する（同条2項）。このように，16条1・2項は，競業避止義務の地理的・時間的制限を規定する。また，譲渡人は，不正の競争の目的をもって同一の営業を行ってはならないともされている（同条3項）。

(2) 商号を続用した譲受人の責任

　もし，①「営業を譲り受けた」商人（譲受人）が，譲渡人の②「商号」を引き続き使用する（続用する）場合には，その譲受人も，譲渡人の営業によって生じた③「債務」を弁済する責任を負う（17条1項）。この場合，譲渡人の営業によって生じた債権について，その譲受人にした弁済は，弁済者が善意でかつ重大な過失がないときは，その効力を有する（同条4項）。譲受人による商号続用という外観を信頼した弁済者を保護する趣旨である。民法においては，債権の準占有者に対する弁済は「軽過失」があると保護されないので（民法478条），商法17条4項は民法以上の保護を与えていることになる。

①「営業を譲り受けた」について

　営業の「現物出資」を受けて設立された会社が現物出資をした者の商号を続用する場合には，商法17条の規定が類推適用される（最判昭47・3・2民集26・2・183）。営業の譲渡と類似する営業の現物出資によって，17条の適用を潜脱することを防止するためである。同様に同条が類推適用される場合として，営業にかかわる最も重要な財産につき10年という長期にわたる賃貸借契約を結んでいた場合（東京高判平13・10・1判時1772・139）や，業務委託契約が営業の包括的な賃貸借に当たる場合（東京高判平14・9・26判時1807・149）等が挙げられる（会社法467条1項4号参照）。

②「商号」の続用について

　譲渡会社の「商号」とは全く別個に屋号が存在する場合，屋号の続用だけをもって商法17条を類推適用する根拠とはならない（東京地判平18・3・24判時1940・158）。

　商号の続用がないと判断された具体的事案として次のものがある。すなわち，「有限会社米安商店」から営業を譲り受けた者が，「合資会社新米安商店」という商号を使用する場合には，商号の続用がな

いと判示された。「新」の字句は取引の社会通念上は継承的文句ではなく，かえって新会社が旧会社の債務を承継しないことを示すための字句であるという理由からである（最判昭 38・3・1 民集 17・2・280）。

もっとも，商号の続用がないとしても，ゴルフ場の譲受人が，ゴルフクラブの「名称」を継続して使用しているときは，譲受後遅滞なく当該ゴルフクラブ会員によるゴルフ場の優先利用を拒絶したなどといった特段の事情がない限りは，商法 17 条の「類推適用」によって，譲受人もまた預託金の返還義務を負うと判示されたことがある（最判平 16・2・20 民集 58・2・367）。

また，ゴルフ場の事業主体を表すものとして分割会社が用いていたゴルフクラブの名称を，承継会社が引き続き使用している場合，会社分割後遅滞なく会員によるゴルフ場施設の優先的利用を拒否したなどの特段の事情がない限りは，承継会社は，当該ゴルフクラブの会員が分割会社に交付した預託金の返還義務を負うことになる（会社法 22 条 1 項の類推適用）とされた例がある（最判平 20・6・10 裁時 1461・17）。なお，譲渡会社の商号を使用した譲受会社の責任に関して定めた同法同条は，商法 17 条と同様の規定である。

③ 「債務」について

ここにいう「債務」とは，譲渡人が営業を譲渡するまでの間にその営業によって債権者に対して負担した債務に限られ，営業譲渡後に新たに負担した債務は含まない（東京高判昭 56・6・18 判時 1016・110）。

営業譲渡後，遅滞なく，譲受人は譲渡人の債務につき責任を負わないことを登記したときは一般に対して，また，譲受人および譲渡人が債権者に通知したときはその債権者に対して，それぞれ譲受人は弁済の責任を負わない（17 条 2 項）。しかし，かかる登記（同条同

項）があっても，具体的事情の下では，信義則違反として，同条1項の責任を負う場合がある。例えば，譲受人が対外的に譲渡人自身であるかのように振る舞い，実質的にも譲渡人の業務を受託して債務を一部履行し，残部も履行するかのように行動したために，譲渡人の債権者もそのことを信じているような事情の下では，譲受人が譲渡人の債務の支払を拒絶するのは，信義則に反するであろう（東京地判平12・12・21金法1621・54）。また，貸金業に関する営業譲渡において，譲渡会社を譲受会社自身と同一視して貸付返済業務等を行っていた譲受会社が，右登記を根拠に旧商法26条1項（現17条1項）の適用を排し過払金返還請求を拒むことは，信義則違反であるとされた例もある（東京地判平16・7・26金判1231・42）。

譲受人が譲渡人の債務について弁済の責任を負うときも，譲渡人は，本来の債務者として，弁済の義務がある。すなわち，譲渡人と譲受人とは不真正連帯債務の関係に立つ（17条1項）。ただし，営業譲渡または債務引受の広告後（次のⅠ-4-2(3)で詳述），2年以内に請求しない債権者に対しては，譲渡人の責任は消滅する（同条3項，18条2項）。その後は，譲受人のみが，責任を負う。

(3) 譲受人による債務の引受け

譲受人は，商号の続用がなければ，譲渡人の債務について責任を負わないのが原則であるが，譲受人が「債務を引き受ける広告」をした場合は，譲受人も弁済の責任を負う（18条1項）。これは，「債務を引き受ける広告」（巻末資料3参照）をした以上，禁反言の趣旨から，譲受人にも責任を認めたものである。この点，「鉄道軌道業並びに沿線バス事業を……譲り受ける」という広告は，右事業に伴う営業上の債務を引き受ける趣旨を包含すると判断された（最判昭29・10・7民集8・10・1795）。また，倒産した旧会社から営業譲渡を

受け，その役員，定款の目的，従業員がほぼ同一である新会社による，旧会社の借入金等を消極財産として記載し，事故発生以降の旧債を新会社が引き継ぎ，金融機関により減免を受けた利息についても新会社が責任を負い，元金についても新会社が弁済を続けること等を記載した文書の配布も，債務引受けの広告（同条同項）に当たると判断された（東京高判平 12・12・27 金判 1122・27）。

これに対して，ABC 3 社が営業を廃止し，新会社が設立されて旧 3 社と同一の業務を開始するという趣旨の取引先に対する単なる挨拶状は，旧 3 社の債務を新会社が引き受ける趣旨を含んでいないと判断されている（最判昭 36・10・13 民集 15・9・2320。なお，営業譲受け公告において債務引受を否定する例として，巻末資料 4 参照）。

譲受人が債務引受の広告（18 条 1 項）の規定により譲渡人の債務を弁済する責任を負う場合，譲渡人の責任は，右広告があった日以降 2 年以内に請求または請求の予告をしない債権者に対しては，消滅する（同条 2 項）。

I-5 商業帳簿

I-5-1 意　義

　商業帳簿とは，商人がその営業上の財産および損益の状況ないし財政状態および経営成績を明らかにするために作成が要求される帳簿である（19条2項）。具体的には，仕訳帳や総勘定元帳などの会計帳簿と貸借対照表をさす（巻末資料5，6参照）。会計帳簿とは，営業財産に影響を与える事項を継続的・組織的に記録する帳簿である。貸借対照表とは，一定の時点における商人の財産・損益の状況を明らかにする帳簿であり，会計帳簿に基づき作成される（誘導法）。期間収益力を表示するには損益計算書（巻末資料6参照）が適当と考えられるが，貸借対照表によってもこれが可能である。なお，小商人は法律上，商業帳簿の作成を要求されない（7条，I-1-2参照）。

　商法が商業帳簿の作成を商人に要求した趣旨は，まず，商人と取引する相手方に対して，当該商人の財務・支払能力を把握する材料を提供させるとともに，次に，商人自身にとっても，取引の記録を資料として保存することにより，経営全般の状態を把握することを可能ならしめる点にある。商人は，帳簿閉鎖の時（すなわち一事業年度が終了した時）から10年間，その商業帳簿およびその営業に関する重要な資料を保存しなければならないが（19条3項），商業帳簿を作成しなくとも罰則の制裁規定はない（会社法976条7号と比較対照）。なお，営業時間内に債権者から請求を受けたときは，商業帳簿の謄本を交付しなければならないような義務もない。

　裁判所は，申立てによりまたは職権で，訴訟の当事者に対し，商

業帳簿の全部または一部の提出を命ずることができると規定されており（19条4項），「商業帳簿」に該当するのか否かを論ずる実益は，「商業帳簿」に該当するとされると裁判所による提出命令の対象になる点にあり，不提出の場合，裁判所は当該文書の記載に関する相手方の主張を真実と認めることができる（民事訴訟法224条1項）。この点，損益計算書および営業報告書も，貸借対照表とともに商法19条4項にいう商業帳簿またはこれに準ずるものであると判示されたことがある（東京高決昭56・12・7下民32・9-12・1606）。しかし，仲立人日記帳（547条，Ⅱ-6-2（1）参照）や倉庫証券控帳（600条，Ⅱ-10-2（2）参照）は，商業帳簿にはあたらない。なお，商業帳簿の記載が後れたからといって当該帳簿の証拠力がなくなるわけではなく，裁判所の自由な心証に基づきその記載によって事実の認定をすることは妨げられないとされる（大判昭17・9・8新聞4799・10）。

Ⅰ-5-2　公正妥当な会計慣行

商人の会計は，一般に公正妥当と認められる会計の慣行に従うものと規定されている（19条1項）。ここに，一般に公正妥当と認められる会計の慣行に従っているか否かは，商人の営業財産や損益状況を明らかにするという商業帳簿作成を要求した趣旨（Ⅰ-5-1参照）から判断されるが，具体的には以下の通りである。

そもそも，「公正な会計慣行」に合致する会計基準は複数存在することがあり得る。よって，ある会計基準が唯一絶対なものであることを認めるに足りる証拠がない以上は，その基準に従った処理を義務づけられるものではない（大阪高判平16・5・25判時1863・115）。もっとも，企業会計原則については，「公正な会計慣行」であることを前提とする先例もある（東京地判平16・10・12判時1886・111②）。

そして，企業会計原則が継続性の原則（原則第1・5，同注3）を規定していることから，継続性の原則も「公正な会計慣行」の一内容となる。ただし，従来の会計処理の原則および手続を変更することが，直ちに継続性の原則に反すると解するべきではない。すなわち，当該変更が利益操作や粉飾決算を意図している，あるいは会社の財産および損益の状況の公正な判断を妨げるおそれがあるような場合に限って，公正な会計慣行に違反すると解するべきである（東京地判平17・9・21判タ1205・221）。

また，少なくとも金融商品取引法の適用がある株式会社においては，企業会計原則に違反しない会計処理をしている以上は，特段の事情がなければ，「公正な会計慣行」に違反していないといえよう。例えば，工事負担金を受け入れて固定資産を取得した鉄道会社が，当該固定資産について圧縮記帳（工事負担金額を右固定資産の取得原価から控除したうえで帳簿価額とすること）をせずに損益計算書（巻末資料6参照）を作成した行為は，企業会計原則に違反したものとは認められないので，「公正な会計慣行」に違反するものではないと判示されたことがある（大阪地判平15・10・15金判1178・19）。

なお，これまで「公正な会計慣行」として行われていた税法基準の考え方に依拠して，関連ノンバンク等に対する貸出金についての資産査定を行うことは，たとえ資産査定通達等の示す方向性から逸脱するものであったとしても，直ちに違法であったということはできないと判示された例もある（最判平20・7・18刑集62・7・2101）。

Ⅰ-6　商業使用人

Ⅰ-6-1　支　配　人

　商業使用人とは，特定の商人の指揮命令に服する営業の補助者であって，商人の営業上の代理権を有する者をいう。商業使用人としては，支配人（本節。20-23条）の他に，「ある種類又は特定の事項の委任を受けた使用人」（Ⅰ-6-3（1）参照。25条1項），「物品販売店舗の使用人」（Ⅰ-6-3（2）参照。26条）がある。なお，商法はさらに，特定の商人の活動を補助する存在として，「代理商」（Ⅰ-7参照），「仲立人」（Ⅱ-6参照），そして「問屋」（Ⅱ-7参照）を規定する。

　商人（Ⅰ-1-2参照）は，支配人を選任し，その営業所において，その営業を行わせることができる（20条）。支配人は，他の使用人を選任し，または解任することができる（21条2項）。商人が支配人を選任したときは，その登記をしなければならない（巻末資料1参照）。支配人の代理権の消滅についても，同様である（22条）。

　支配人とは，商人に代わり，その「営業に関する一切の裁判上又は裁判外の行為」をなす包括的代理権を有する商業使用人である（21条1項）。支配人の代理権に加えた制限は，善意の第三者に対抗することができない（同条3項）。その制度趣旨は，第三者の取引安全を図ることである。ここに「営業に関する一切の行為」とは，営業の目的たる行為のほか営業のため必要な行為を含み，かつ，それに当たるかどうかは，その行為の性質・種類等を勘案して客観的・抽象的に観察して決せられる（最判昭54・5・1判時931・112）。例えば，信用金庫支店長Aが資金の預入れがないのに，自己宛先

日付小切手（Ⅲ-11-1参照）を振り出したことは，Aの職務上の義務違反を構成し，その権限濫用の意図を推測させるものではあるが，右小切手の振出自体は，支配人としての権限の範囲内のものであるとされよう。このように商法21条1項に基づく責任は，相手方が善意である限り，支配人のした行為の目的のいかんにかかわらないが，支配人の意図が自己の利益を図ることにあり，かつ，相手方がこの意図を知っていた，ないし知ることができたときは，民法93条但書を類推適用して，営業主は右の行為につき責任を負わないこととなる（最判昭51・10・1金判512・33）。

支配人は包括的代理権を有する者ではあるが，商人の許可を受けなければ，以下の各号に掲げる行為をしてはならないとされている（23条1項）。すなわち「自ら営業を行うこと」（1号）であり（営業避止義務），その趣旨は支配人の精力分散を防止することにある。次に，「自己又は第三者のためにその商人の営業の部類に属する取引をすること」（2号）であり，その趣旨は支配人による利益相反行為の回避にある（競業避止義務）。そして，かかる2号に違反する行為によって支配人または第三者が得た利益の額は，商人に生じた損害の額と推定される（同条2項）。商人の立証責任を緩和して，その利益を保護する趣旨である。さらに，支配人は「他の商人又は会社若しくは外国会社の使用人となること」（同条1項3号）や，「会社の取締役，執行役又は業務を執行する社員となること」（同条同項4号）も制限されている。

Ⅰ-6-2 表見支配人

表見支配人とは，包括的代理権を与えられていない商業使用人であって，商人の営業所の営業の主任者であることを示す名称を付された者を

いう。

　そして，①「営業の主任者たることを示すべき名称」を付した使用人は，当該②「営業所」の営業に関し，裁判外の行為については，支配人と同一の権限があるものとみなされる（24条本文）。ただし，③「相手方」が悪意の場合は，別である（同条但書）。例えば，商人が支店の使用人であって支配人でない者に支配人の肩書を付与した場合，その者が支配人であると善意かつ無過失で信頼して契約を締結した第三者に対しては，当該商人は，右契約の無効を主張することができないことになる。

　もし「支配人」の肩書を付与すれば，①「営業の主任者たることを示すべき名称」を付した場合に該当するが，商法24条本文が適用されるには，その旨の登記をすることまでは必要とされない。これに対して，「支店庶務係長」は，上席者の存在を予定するものであり，①「営業の主任者たることを示すべき名称」を付した使用人には該当しない（最判昭30・7・15民集9・9・1069）。「支店次長」や「支店長代理」も同様の理由で該当しない。

　また，②「営業所」とは，商人の営業上の活動の中心と認められる場所（本店・支店）をいい，その実質を備えていなければならない。すなわち，例えば，支店管下の一出張所ではあっても，相場の著しい変動のあるもの以外は支店の許可を要せずに仕入れを行うことが可能であり，また，肥料を県下に販売し，その代金の回収と右販売に伴う運送等を行い，その取立金で日常経費を賄うなど，本店から離れて独自の営業活動を決定し，対外的にも取引し得る地位にあったと認められるときは，それは支店といえる（最判昭39・3・10民集18・3・458）。しかしながら，生命保険相互会社の支社は新規契約の募集と第一回保険料徴収の取次ぎがその業務のすべてであり，一定の範囲で対外的に独自の事業活動をなすべき従たる事務所

としての実質を備えていないので、右支社は②「営業所」(24条)には該当しない（最判昭37・5・1民集16・5・1031）。

そして、③「相手方」とは、当該取引の直接の相手方に限られる。もっとも、手形行為（Ⅲ-2参照）の場合には、この直接の相手方は、手形上の記載によって形式的に判断されるべきものではなく、実質的な取引の相手方をさす（最判昭59・3・29判時1135・125）。

Ⅰ-6-3　支配人以外の商業使用人

(1) ある種類又は特定の事項の委任を受けた使用人

商人の営業に関するある種類又は特定の事項の委任を受けた①「使用人」は、当該事項に関する一切の裁判外の行為をする権限を有する（25条1項）。具体的には、代表権のない取締役で貿易部長として会社の業務に従事する者は、ここにいう①「使用人」に該当する（東京地判昭36・8・7金法286・5）。また、「A会社食品事業部」と称して商取引を行っていた組織体が、会社の一営業部門としての実質を有していて、A会社が、そこで働いているが従業員ではない者の給料および営業活動による経費を支払っていたような場合には、その組織体における責任者は商法25条1項の類推適用によって、A会社の①「使用人」であると判示されたことがある（東京地判平元・9・12判時1345・122）。

他方、支店長在職中に貸し付けた金員の回収に当たっていたA銀行の本店審査部付調査役Bは、右債権の回収事務に関してのみ商法25条にいう委任を受けた①「使用人」に当たるにすぎない。したがって、不動産によって担保されるA銀行の債権の回収が不可能になるような債務免除の代理権まで与えられていたものではないと判示されたことがある（最判昭51・6・30判時836・105）。

以上のような，①「使用人」の代理権に加えた制限は，②「善意の第三者」に対抗することができない（25条2項）。ここにいう，②「善意の第三者」には，代理権に加えられた制限を知らなかったことに過失のある第三者は含まれるが，重大な過失のある第三者は含まれない（最判平2・2・22商事法務1209・49）。

(2) 物品販売店舗の使用人
　物品の販売を目的とする店舗の使用人は，店舗にある物品の販売の代理権があるものとみなされる（26条本文）。店舗における物品の売買契約の買主を保護する趣旨である。ただし，相手方が悪意であるときは別である（同条但書）。

I-7 代理商

I-7-1 意　義

　代理商とは，一般大衆ではなく，一定の商人のために，平常その営業の部類に属する取引の①「代理」，または②「媒介」をなす者で，その商人の使用人ではない者をいう（27条）。例えば，複数の損害保険会社と委託契約を締結している，いわゆる「乗り合い代理店」は，商法上の代理商である。民法上，委任による代理においては無償が原則であるが（同法648条），商法上の代理商においては，特約なくして報酬の請求が可能である（同法512条，Ⅱ-2-2（3）参照）。

　上記①を締約代理商という。例えば，CがAから委託を受けた締約代理商であり，その旨をBに明示して契約する場合には，売買契約はC・B間に成立する。これに対して，上記②を媒介代理商という。例えば，CがAから委託を受けた媒介代理商である場合には，売買契約はA・B間に成立する。媒介代理商は一定の商人のために継続的に尽力するのに対して，商事仲立人は，不特定の者のために尽力するという違いがある（商事仲立人について，Ⅱ-6参照）。

　委任契約は民法上，いつでも解除が可能である（同法651条1項）。これに対して，商人および代理商は，契約の期間を定めなかったときは，2カ月前までに予告することによって，契約を解除することができる（商法30条1項）。しかし，やむを得ない事由があれば，商人および代理商は，いつでもその契約を解除することができる（同条2項）。

I-7-2 代理商の義務と権利

(1) 義　　務

　民法上，受任者は，「委任者の請求があるときは」，委任事務の処理の状況を報告しなければならないと規定されている（同法645条）。これに対して，代理商は，たとえ商人の請求がなくとも，取引の代理または媒介をしたときは，遅滞なく，商人に対して，その旨の通知を発しなければならないとされている（商法27条）。商取引の迅速性を確保する趣旨である。

　また，代理商は，商人の許可を受けなくとも，自ら営業を行うこと自体はできるが，委託者たる商人の利益保護の観点から，一定の行為を行う場合には商人の許可が必要とされている。すなわち，代理商は，商人の許可を受けなければ，「自己又は第三者のためにその商人の営業の部類に属する取引をすること」が禁止され（28条1項1号），また，「その商人の営業と同種の事業を行う会社の取締役，執行役又は業務を執行する社員となること」も禁止されている（同条同項2号）。もし，代理商が28条1項の規定に違反して同項1号に掲げる行為をしたときは，当該行為によって代理商または第三者が得た利益の額は，商人に生じた損害の額と推定されることになる（同条2項）。

(2) 権　　利

　物品の販売またはその媒介の委託を受けた代理商は，商法526条2項に規定する通知その他売買に関する通知（買主による目的物の検査および通知，II-3-4参照）を受ける権限を有する（29条）。したがって，例えば，物品の販売またはその媒介の委託を受けた代理商は，売買契約成立後，当該売買契約の目的物に瑕疵がある旨の買主から

の通知を受ける権限を有することになる。これは，取引の相手方たる買主の便宜を図った規定である。

　さらに，代理商は，取引の代理または媒介をしたことによって生じた債権の弁済期が到来しているときは，その弁済を受けるまでは，商人のために当該代理商が占有する物または有価証券を留置することができるが，当事者が別段の意思表示をしたときは，この限りでない（31条）。本人と代理商との取引関係は継続的であることから，民法295条における留置権の場合とは異なり，債権と目的物との牽連性は要求されていない。なお，会社法20条も同様の規定である。

Ⅱ

商行為法

- ☐ Ⅱ-1 商行為一般に関する通則
- ☐ Ⅱ-2 商行為に関する特則
- ☐ Ⅱ-3 商事売買
- ☐ Ⅱ-4 交互計算
- ☐ Ⅱ-5 匿名組合
- ☐ Ⅱ-6 仲立営業
- ☐ Ⅱ-7 問屋営業
- ☐ Ⅱ-8 運送取扱営業
- ☐ Ⅱ-9 運送営業
- ☐ Ⅱ-10 寄　託

Ⅱ-1　商行為一般に関する通則

Ⅱ-1-1　商行為の代理と委任

　商行為の代理人が，本人のためにすることを示さないで行為した場合であっても，その行為は，本人に対してその効力を生ずる（商法504条本文）。この規定は，民法の代理制度（同法99条以下）における顕名主義についての例外を規定するものである。顕名主義とは，代理人が本人の名を明らかにした上で相手方と法律行為をするのでなければ，その行為の効果は本人に対して帰属しないことをいい，その趣旨は，代理人と取引する相手方の期待の保護にある。こうした顕名主義の例外を商行為に関して規定した504条本文は，迅速性が要求される商取引について，その便宜を十分に図ることを意図している。なお，商行為の代理の場合でも，代理人に代理意思があることは必要である。

　具体的に504条の規定が適用された事例としては，建設工事を営業の目的とする共同企業体（民法上の組合）において代表権限を有する会社が，共同企業体の事業の執行にあたり第三者との間で締結する契約につき，たとえ共同企業体のためにすることを表示しない場合でも，当該契約の当事者は右共同企業体となると判示されたものが挙げられる（函館地判平12・2・24判時1723・102）。

　以上504条本文の規定に対して，同条但書は，「相手方が，代理人が本人のためにすることを知らなかったときは，代理人に対して履行の請求をすることを妨げない」と規定する。その趣旨は，本人と相手方との間には同条本文の規定によって代理関係が生じているが，相

手方において，代理人が本人のためにすることを知らなかったとき（過失により知らなかったときを除く）は，相手方保護のために，相手方と代理人の間にも右と同一の法律関係が生ずるものとしたうえで，相手方は，本人との法律関係を否定し代理人との法律関係を選択し主張することを許容したものである。もし，相手方が代理人との法律関係の主張を選択したならば，本人は相手方に対して，本人と相手方との間の法律関係を主張できないことになる（最大判昭43・4・24民集22・4・1043）。

そして，同条但書によって，相手方がその選択により本人または代理人のいずれかに対して債務を負担することを主張することができる場合において，本人が相手方に対して右債務の履行を求める訴えを提起し，その訴訟の係属中に相手方が債権者として代理人を選択したときは，本人の請求は，右訴訟が係属している間，代理人の債権につき催告に準じた時効中断の効力を及ぼすとされる（最判昭48・10・30民集27・9・1258）。

他方，商行為の受任者は，委任の本旨に反しない範囲内において，委任を受けていない行為をすることができる（505条）。この点は，民法上の委任契約（同法643条）においても同様であり，商法505条は確認規定である。

【債権法改正における論点‥①】
商行為の代理

本文で紹介した最高裁判所の判例法理（43・48年）を批判するとともに，商法504条の廃止を提案する見解がある。

すなわち，判例のような解決は相手方を過度に有利な地位につけるものであるといった問題があり，さらには，商取引に関して代理が行われる場合，代理人が本人を顕名しないで取引がなされること

は考えにくく，また，たとえ非顕名で代理行為が行われた場合でも，本人が相手方との法律関係を主張するのが適切である場合については民法100条但書による解決で十分であること等が，商法504条を廃止する理由として挙げられている。

以上につき，WG・2-4頁参照。

Ⅱ-1-2 多数当事者間の債務の連帯

民法427条は，数人の債務者がある場合において，別段の意思表示がないときは，各債務者はそれぞれ等しい割合で義務を負うとして，分割債務の原則を規定する。これに対して，商法511条1項は，「数人の者がその一人または全員のために商行為となる行為によって債務を負担したときは，その債務は，各自が連帯して負担する」と，多数債務者間の債務の連帯を規定する。そして，数人がその一人または全員のために商行為である行為によって債務を負担すれば，たとえ相手方のために商行為でないときであっても，511条1項が双方に適用されるが，逆にその行為が一人のためにも商行為でないときは，たとえ相手方のために商行為であっても，同条同項の規定は適用されないことになる（大判明45・2・29民録18・148）。

例えば，共同企業体は，基本的には民法上の組合の性質を有するものであり，共同企業体の債務については，共同企業体の財産がその引当てになるとともに，各構成員がその固有の財産をもって弁済すべき債務を負うと解される。そして，共同企業体の構成員が会社である場合には，会社が共同企業体を結成してその構成員として共同企業体の事業を行う行為は，会社の営業のためにする行為（附属的商行為，Ⅰ-1-3（3）参照）にほかならない。よって，共同企業体がその事業のために第三者に対して負担した債務につき構成員が負

う債務は，構成員である会社にとって自らの商行為により負担した債務というべきものである。したがって，この場合，共同企業体の各構成員は，共同企業体がその事業のために第三者に対して負担した債務につき，商法511条1項によって連帯債務を負うという結論になる（最判平10・4・14民集52・3・813）。

　民法上，保証契約は，その旨の特約があれば連帯保証となる（同法454条）。これに対して，商法511条2項は，保証人がある場合において，①債務が主たる債務者の商行為によって生じたものであるとき，または，②保証が商行為であるときは，主たる債務者および保証人が各別の行為によって債務を負担したときであっても，その債務は各自が連帯して負担すると規定している。したがって，例えば，①B信用金庫がA株式会社に対し事業資金を融資するために消費貸借契約を締結した場合において，B信用金庫に対するA株式会社の債務を商人でないC（自然人）が保証した場合には，当該保証は連帯保証となる。また，②「保証が商行為であるとき」（同条同項）とは，保証人にとって商行為であるだけでなく，債権者にとって商行為性を有する場合を包含する（大判昭14・12・27民集18・1681）。

　そして，数人の保証人がいる場合においては，債務が主たる債務者の商行為で生じたとき，または保証自体が商行為であるときは，各保証人が主たる債務者と連帯すると同時に，保証人相互間でも連帯して債務を負担することとなる（大判明44・5・23民録17・320）。

【債権法改正における論点…②】
多数当事者間の債務の連帯

　商法511条1項については，一方の当事者の全員が共同事業として行為をする場合に限って連帯債務とする規定に改めるべきという

主張がある。なぜなら，当事者の一部の者にとってのみ商行為となるような行為について，債権の効力を連帯債務として強化することが一般的に合理的であるという取引実態はないと考えられ，また，相手方当事者としては，必要があれば，連帯債務とする特約をすれば足りるからである。

他方，「保証が商行為であるとき」（同条2項後段）については，債権者にとって保証が商行為となるときを含まず，保証が保証人にとって商行為となるときに限り適用されるものと改めるべきであると主張されている。なぜなら，信用組合や協同組合は商人ではないという前提に立てば，例えば，信用組合が商人でない個人に融資してそれを個人が保証すれば，同条2項後段の適用はないという結論になるが，これでは会社が保証した場合には適用があるという結論とバランスを失するからである。

以上につき，WG・7-9頁参照。

II-1-3　商事法定利率

商行為によって生じた債務に関しては，法定利率は，年6分となる（514条）。この商事法定利率が，年5分という民事法定利率（民法404条）よりも高率となっているのは，商取引においては，資金はより効率的に運用されることが前提となっているためである。

商法514条にいう「商行為によって生じた債務」とは，単に債務者にとって商行為である行為によって生じた債務に限らず，債権者にとって商行為である行為によって生じた債権をも含む。売買契約が商行為であるときは，その解除による前渡代金返還債務にも同条の適用がある（最判昭30・9・8民集9・10・1222）。

また，会社と労働組合との間の退職金給与に関する約定は，本条の規定上商行為であって，この退職金につき年6分の遅延損害金の

支払を求め得るし（最判昭29・9・10民集8・9・1581），商人が労働者と締結する労働契約は，反証のない限りその営業のためにするものと推定されるので，右契約に基づき商人である使用者が労働者に対して負う賃金債務の遅延損害金の利率も，やはり商行為によって生じた債務に関するものとして商事法定利率によることになる（最判昭51・7・9判時819・91）。

契約上の債務の不履行を原因とする損害賠償債務は，契約上の債務がその態様を変じたにすぎないものであるから，当該契約が商行為たる性格を有すれば，右損害賠償債務も，その性格を同じくし，514条にいう「商行為によって生じた債務」に当たる（最判昭47・5・25判時671・83）。なお，共同海損（商法788条から799条参照）における分担額の利息も，商法514条により年6分の利率となると判示された（大判明44・5・16民録17・287）。

以上に対して，商事法定利率の適用が認められなかった例としては次のものがある。まず，事故の被害者の保険会社に対する直接請求権（自動車損害賠償保障法16条1項）は，保険金請求権の変形ないしそれに準ずる権利ではなく，被害者が保険会社に対して有する損害賠償請求権である。よって，保険会社の被害者に対する損害賠償債務は商法514条の「商行為によって生じた債務」に該当しないと判示された（最判昭57・1・19民集36・1・19）。

また，商行為である貸付けに係る債務の弁済金のうち，利息の制限額を超えて利息として支払われた部分を元本に充当することによって発生する過払金を，不当利得として返還する場合，悪意の受益者が付すべき民法704条前段所定の利息の利率は，民法所定の年5分であるとも判示された（最判平19・2・13民集61・1・182）。さらに，個人で貸金業を行っている者から，生活費に充てるために，金銭を借り受けた個人が負う元本に対する遅延損害金支払債務は，商

法514条にいう「商行為によって生じた債務」にはあたらないと判示された（最判昭50・6・27判時785・100）。

II-1-4　契約による質物の処分の禁止の適用除外

民法上,「質権設定者は,設定行為または債務の弁済期前の契約において,質権者に弁済として質物の所有権を取得させ,その他法律に定める方法によらないで質物を処分させることを約することができない」として,契約による質物の処分（流質契約）の禁止が規定されているが（同法349条),この規定は,商行為によって生じた債権を担保するために設定した質権については適用されない（商法515条)。民法349条の趣旨は質権設定者の窮状につけ込むことを防止する点にあるが,これに対して,商法515条は,金融の便宜を図るという観点から,流質契約を許容したのである。

II-1-5　債務の履行場所と取引時間

商行為によって生じた債務の履行をすべき場所が,その行為の性質または当事者の意思表示によって定まらないときは,特定物の引渡しはその行為の時にその物が存在した場所が当該債務の履行場所となり,また,それ以外の債務の履行については,債権者の現在の営業所（営業所がなければ,債権者の現住所）が履行場所となる（516条1項)。これに対して,指図債権および無記名債権の弁済は,債務者の現在の営業所（営業所がなければ,債務者の現住所）において,履行されなければならない（同条2項,取立債務についてIII-8-1参照)。

法令または慣習により商人の取引時間の定めがあるときは,その取引時間内に限り,債務の履行をし,またはその履行の請求をすることがで

きる(520条)。もっとも,取引時間外になされた弁済の提供であっても,債権者が任意に弁済を受領し,それが弁済期日内であれば,債務者は遅滞の責めを負うことはない(最判昭35・5・6民集14・7・1136)。

II-1-6　商事消滅時効

民法167条1項は,債権は,10年間行使しないときは,消滅すると規定している。これに対して,商法522条は,商行為によって生じた債権は,原則として5年間行使しないときは,時効によって消滅するが,他の法令に5年間より短い時効期間の定めがあるときは,その定めるところによると規定している。

ここに「商行為によって生じた」と言えるためには,債権者または債務者の一方にとって商行為でありさえすればよいし(大判明44・3・24民録17・159),また,債権者のために商行為である行為によって生じた債権だけでなく,債務者のために商行為たる行為によって生じた債権についても,商法522条は適用される(大判大4・2・8民録21・75)。したがって,例えば,B信用金庫がA株式会社に対し事業資金を融資するために消費貸借契約を締結した場合においては,B信用金庫のA株式会社に対する元利金支払請求権の消滅時効期間は,同条が適用される結果,5年となる。

債務者が債務を履行しなかったことにより債権者が有する損害賠償請求権は,債権の効力にほかならない。すなわち,本来の債権が変更したにとどまり別個の債権をなすものではないから,本来の債権が商行為によって生じたものであれば,損害賠償請求権も商行為によって生じたものであるといえる(大判明41・1・21民録14・13)。

そして,商行為の解除権も商行為によって生じた債権と同視され

るから，5年の時効で消滅する（大判大5・5・10民録22・936）。商事契約の解除による原状回復は商事債務であり，その履行不能による賠償義務も商事債務となる（最判昭35・11・1民集14・13・2781）。例えば，株式会社Aが，商人でないBとの間で締結した不動産の売買契約がAの債務不履行によって解除された場合，AのBに対する代金返還義務は商事債務となる。また，銀行等が，株式払込取扱委託契約に基づいて真正に払い込まれた払込金を会社に返還する債務は，商行為によって生じた債務であるから，これと同一に取り扱われるべきものとしての会社法64条2項（払込金の保管証明）に基づく銀行等の債務も，商行為によって生じた債務であるといえる（最判昭39・5・26民集18・4・635）。

　準消費貸借上の債務の消滅時効は，旧債務のそれとは関係なく，準消費貸借が商行為であれば商行為上の債権として5年の時効にかかる（大判大10・9・29民録27・1707）。したがって，例えば，旧債務の消滅時効期間が2年間である場合，準消費貸借契約の成立によって発生する新債務の消滅時効期間は，準消費貸借契約の締結が商行為に該当すれば，5年となる。

　もし，主たる債務が民事債務でありながら，その保証債務が商行為によって生じた債務であるときは，前者は10年の消滅時効にかかり，後者は5年の消滅時効にかかることになる（大判昭13・4・8民集17・664）。また，保証人自身は商人でなくても，商人である主債務者の委託に基づいて保証人となったのであれば，右保証委託行為自体が主債務者の営業のためにするものと推定され，保証人が主債務者に代わって弁済したことによって発生した求償権にも，商法522条の適用があると判示されている（最判昭42・10・6民集21・8・2051）。

　以上に対して，商事消滅時効の規定が適用されなかった例として，

次のものがある。すなわち，利息制限法所定の制限を超えて支払われた利息・損害金についての不当利得返還請求権は，法律の規定によって発生する債権であり，また，商事取引関係の迅速な解決のため短期消滅時効を定めた立法趣旨からみて，商行為によって生じた債権に準ずるものと解することもできないと判示された（最判昭55・1・24民集34・1・61）。同様に，商行為たる保険契約，およびその保険金請求権上の質権設定契約に基づいて保険者から質権者へ支払われた保険金が，法定の免責事由があるため法律上の原因を欠く場合の不当利得返還請求権も，商行為から生じた債権に準ずるものではなく（最判平3・4・26判時1389・145），さらに，会社法423条1項に基づく会社の取締役に対する損害賠償請求権の消滅時効期間は，商法522条所定の5年ではなく民法167条1項による10年であると（最判平20・1・28民集62・1・128），それぞれ判示された。

II-2 商行為に関する特則

II-2-1 当事者の双方が商人の場合

(1) 契約の申込み

商人である対話者の間において，契約の申込みを受けた者が直ちに承諾をしなかったときは，その申込みは効力を失う（507条）。この点は，対話者が商人でなくとも妥当するのであり，本条は確認規定である。

また，民法524条によれば，「承諾の期間を定めないで隔地者に対してした申込みは，申込者が承諾の通知を受けるのに相当な期間を経過するまでは，撤回することができない」とされているが，商人である隔地者の間においては，承諾の期間を定めないで契約の申込みを受けた者が相当の期間内に承諾の通知を発しなかったときは，その申込みは効力を失う（商法508条1項）。このように，商法が民法と異なり，相当期間の経過によって申込みが当然に効力を失うと規定した趣旨は，商取引の迅速性を重視する点にある。この場合，申込者は遅延した承諾を新たな申込みとみなすことができる（商法508条2項，民法523条）。

(2) 消費貸借に関する利息請求権

民法上の消費貸借は，無利息が原則である（同法590条1項）。これに対して，商人間において金銭の消費貸借をしたときは，貸主は，商事法定利息（商法514条）を請求することができる（同法513条1項）。これは，商人の営利性に鑑みた規定であり，報酬請求権（512条，II-2-2（3）参照）も同趣旨の規定である。したがって，例えば，

ある債務が商人間における金銭の消費貸借によって生じた場合に，貸主は，たとえ約定をしなくとも，当該債務につき商事法定利率による利息（年6分）を請求することが可能となる。

【債権法改正における論点‥③】
商人の利息請求権

　商人間で消費貸借がされたことという要件で，法定利息の請求権を認める商法513条1項は，商人がその営業の範囲内において他人のために金銭の立替えをしたことという要件で，法定利息の請求権を認めている同条2項（Ⅱ-2-2（4）参照）と，平仄が合っていない。このように両者で要件を異にしていることの合理的な理由は，本条の沿革上も見出しがたい。そこで，同条1項の消費貸借についても，同条2項と共通に，商人がその営業の範囲内で行う消費貸借について貸付の日からの利息請求権を認める規定にすることが合理的といえよう。

　もっとも，そのように規定を改めた場合には，商人でない者から商人がその営業の範囲内において貸付を受けたときに，貸主の利息請求権は特約がなければ認められないことになってしまう。この点については，確かに，商人が貸付を受ける限りでは，貸主が商人でなくとも商人の営利性からは利息の支払義務を認めることも合理的とも思える。しかしながら，商法512条・511条2項と511条1項とが共通の趣旨の規定であるとすれば，商法512条・511条2項について，商人が営業の範囲内で義務を負う場合にも有償性の原則を規定すべきであるとは必ずしもいえないところであり，そうすると，511条1項についても，商人が貸付を行う場合について規定するにとどめれば足りるというべきである。

　以上につき，WG・10-11頁参照。

(3) 商人間の留置権

商人間において，その双方のために商行為となる行為によって生じた債権が弁済期にあるときは，債権者は，その債権の弁済を受けるまで，その債務者との間における商行為によって自己の占有に属した債務者の所有する物または有価証券を留置することができる（521 条本文）。ここに「債務者の所有する物」には，動産だけでなく不動産も含まれる（東高決平 10・11・27）。また，民事留置権については目的物と被担保債権の牽連性が必要であるが（民法 295 条 1 項），商法 521 条が規定する商事留置権については不要である。

では，いかなる場合に同条にいう債権者の「占有に属した」と認められるのか。例えば，建物建築請負人がその請負契約に基づき報酬等の債権を有しており，かつ，その請負契約に基づいて敷地を占有し，そのほぼ全部を万能板等で囲む状況になっているときは，同条にいう「占有に属した」と評価することができると判示された（東京高決平 10・11・27 判時 1666・141 ②）。これに対して，建物建築請負人による工事の着工からその完成と注文主への引渡しまでの間の土地の使用は，別段の事情がない限り，請負人が請負契約に基づき建築工事をして完成した建物を注文主に引き渡す義務の履行のために，注文主の占有補助者として土地を使用しているにすぎないというべきであり，土地に対する商事留置権を基礎づけるに足りる「占有に属した」とは認められないと判示された（東京高決平 10・12・11 判時 1666・141 ①）。

なお，民法上の留置権は債務者が破産すると消滅するが（破産法 66 条 3 項），商法上の留置権は債務者が破産しても消滅しない（同法同条 1 項）。この点につき，旧破産法 93 条 1 項前段（現 66 条 1 項）における，商法上の留置権は特別の先取特権とみなすという文言は，商事留置権者の有していた留置権能を消滅させる意味ではな

く，さらには，他に破産宣告（破産手続開始決定）によって右留置権能を消滅させる旨の明文の規定は存在しないことから，手形（Ⅲ-1 参照）につき商事留置権を有する者は，破産会社に対する破産宣告後においても，破産管財人によるその手形の返還請求を拒絶することができ，当該手形の占有を適法に継続し得ることになると判示された（最判平 10・7・14 民集 52・5・1261）。同事件においては，銀行が手形割引（Ⅲ-1-2 参照）のために約束手形を預かっていた際に取引先が破産したので，破産管財人から当該手形の返還請求がなされたが，銀行は破産管財人からの手形返還請求を拒絶して当該手形を取り立てて債権の弁済に充てたところ，かかる銀行の行為は破産管財人に対する不法行為とはならないと結論された。また，会社から取立委任を受けた約束手形につき商事留置権を有する銀行は当該会社の再生手続開始後に取り立てた金員を法定の手続によらずに債務の弁済に充当することもできる（最判平 23・12・15 民集 65・9・3511）。

Ⅱ-2-2　当事者の一方が商人の場合

（1）代理権の消滅事由に関する特例

　民法 111 条 1 項 1 号によれば，本人の死亡によって代理権は消滅するのが原則であり，被相続人が第三者から与えられていた代理権は相続人に承継されない。しかし，商行為の委任による代理権は，本人の死亡によっては消滅しない（商法 506 条）。同条の規定は，委任行為自体が委任者からみて商行為でなければ適用されず（大判昭 13・8・1 民集 17・1597），個人の商人が，商業使用人や代理商に対してその営業に関する行為（附属的商行為，Ⅰ-1-3（3）参照）を委任するような場合に適用される。例えば，個人商人の従業員で代理人でもある者が，商人の死亡後に代理人として第三者から商品の仕入れ

をした場合，商人が当該従業員へ営業に関して付与していた代理権は，その死亡によっても消滅しない一方で（506条），たとえ相続人らに商人の営業を承継し継続する意思がなかったとしても，相続人としてその債権債務一切を承継する。そうすると，当該従業員は相続人の代理人となるから，相続人らは第三者に対して，右商品の仕入れに関する債務を負うことになる（東京高判平10・8・27高民51・2・102）。

(2) 契約の申込みを受けた者の義務

商人が平常取引をする者からその営業の部類に属する契約の申込みを受けたときは，遅滞なく，契約の申込みに対する諾否の通知を発しなければならないとされている（509条1項，諾否通知義務）。もし，かかる通知を発することを怠れば，その商人は，当該契約の申込みを承諾したものとみなされてしまう（同条2項）。商取引の迅速性に鑑みて置かれた規定である。本条は，商人が平常取引をする者からその営業の部類に属する契約の申込みを受けた場合に関するものであって，商人がその借地権を放棄するようにという申込みを受けたとしても，それは本条にいう「営業の部類に属する契約の申込み」とはいえない（最判昭28・10・9民集7・10・1072）。また，銀行取引における保証人脱退の申込みは，承諾が当然に予想されるものではないことが明らかであるから，やはり右申込みにつき本条の適用ないし類推適用の余地はない（最判昭59・5・29金法1069・31）。

他方，商人がその営業の部類に属する契約の申込みを受けた場合において，その申込みと共に受け取った物品があるときは，その申込みを拒絶したときであっても，申込者の費用をもってその物品を保管しなければならない。ただし，その物品の価額がその費用を償うのに足りないとき，または商人がその保管によって損害を受けるような場合は除かれる（510条，物品保管義務）。

【債権法改正における論点‥④】
商人の諾否通知義務と物品保管義務

　承諾の意思表示がなく契約は成立しないが，当事者間の交渉の状況から申込者において契約が成立したものと信頼してしかるべき場合を，商法509条は適用の対象として想定している。これは，契約締結上の過失の問題として考えることもできる。このように契約の成立が当然に期待されるような場合について，もし履行利益の損害賠償も認められることを民法上規定するならば，諾否通知義務（509条）のような規定はもはや必要ではなくなるとも考えられよう。

　物品保管義務（510条）について，保管に際しての義務の程度は善管注意義務と解釈されている。これは，継続的に取引関係がある場合には適当だとしても，それ以外の場合にも善管注意義務を負うということでよいかについては，再考する必要がある。すなわち，510条が妥当すべき場合としては，継続的な取引関係が当事者間に存在する場合に限定する必要はないものの，そのようなものが送られてくることを当然予測すべき状況や取引慣行などが存在することなどを必要とすべきであろう。

　以上につき，WG・6-7頁参照。

(3) 報酬請求権

　民法648条1項は「受任者は，特約がなければ，委任者に対して報酬を請求することができない」と規定する。これに対して，商人がその営業の範囲内において他人のために行為をしたときは，相当な報酬を請求することができる（商法512条）。これは，商人の営利性に鑑みた規定である。

　宅地建物取引業者は，商事仲立人（543条）には該当しないが（仲立人について，Ⅱ-6参照），商法502条11号にいう「仲立ちに関する行為」を営業とする者であるから，同法4条1項により商人であ

る。ただし，買主からの委託によって売買の媒介をした場合であって，売主からの委託によるものでないときは，同法512条に基づき売主に対して報酬請求権を取得しない（最判昭44・6・26民集23・7・1264）。

他方，宅地建物取引業者に仲介を依頼した者が，仲介活動の進行中にこれを排除して直接相手方と売買契約を締結した場合，契約成立の時期が右の仲介活動の時期と近接しており，売買価格が右業者と買主との下相談した価格をわずかに上回っていたにすぎない等の事情の下では，報酬の支払に係る条件の成就を故意に妨げたものとして，右業者に対する報酬支払義務を免れないことになる（最判昭45・10・22民集24・11・1599）。

なお，無免許業者のなした媒介行為によっても，一応は私法上有効に報酬請求権が成立するが（商法512条），右報酬請求権の行使に対して，依頼者が任意に右報酬を支払う場合は別としても，無免許営業に対する厳しい刑罰規定の存在に鑑みれば，民事裁判においても，裁判所が無免許業者に右報酬請求権の行使を認めて利益を得させることにより無免許営業に加担することはできず，無免許業者に対する依頼者の報酬支払債務は，自然債務にとどまるとする判示がある（東京地判平10・7・16判タ1009・245）。

(4) 立替金に関する利息請求権

民法702条2項は，管理者が本人のために有益な債務を負担した場合に，右債務の本人に対する代弁済請求権を規定しているに過ぎない。これに対して，商人がその営業の範囲において他人のために金銭の立替えをしたときは，その立替の日以後の法定利息を請求することができる（513条2項）。商人の営利性に鑑みた規定である。

II-3 商事売買

II-3-1 意　義

商事売買とは，当事者の双方にとって商行為である商人間の売買をいう。商人間の売買の特質，すなわち商取引の迅速主義の要請や売主保護の要請に基づいて，商法は 524 条から 528 条の 5 条の特則を設けた。なお，これによって民事売買の規定（民法 555–585 条）が全く適用されなくなるわけではない。

II-3-2 売主による供託と競売

商人間の売買において，買主がその目的物の受領を拒み，またはこれを受領することができないときは，売主は，その物を供託し，または相当の期間を定めて催告をした後に競売に付することができる。この場合において，売主がその物を供託し，または競売に付したときは，遅滞なく，買主に対してその旨の通知を発しなければならない（524 条 1 項）。

民法では，供託が原則であり（同法 494 条），裁判所の許可を得て行う競売が例外という位置付けである（同法 497 条）。しかし，商事売買においては，売主に対して，供託するか（商法 524 条 1 項前段），競売するか（自助売却，同条同項前段）という選択権が与えられる。かかる規定の趣旨は，商取引の迅速性に基づき，売主を契約上の義務から早期に解放する点にある。そして，商人間の売買において，買主がその目的物の受領を拒んだために売主が相当の期間を定めて

催告した後に競売に付した場合，売主が買主に対してその旨の通知を遅滞なく発しなかったときでも，当該競売自体は有効であるとされる（大判大10・6・10民録27・1127）。

損傷その他の事由による価格の低落のおそれがある物については，催告（524条1項）をしないで，競売に付することができる（同条2項）。そして，売買の目的物を競売に付したときは，売主は，その代価を供託しなければならないが，その代価の全部または一部を代金に充当することは妨げられない（同条3項）。

II-3-3　確定期売買における解除

商人間の売買において，売買の性質または当事者の意思表示により，特定の日時または一定の期間内に履行をしなければ契約をした目的を達することができない場合において，当事者の一方が履行をしないでその時期を経過したときは，相手方は，直ちにその履行の請求をした場合を除き，契約の解除をしたものとみなされる（525条）。

かかる商法525条は，買主の選択の余地を狭め，法律関係の早期安定を図るという売主保護の規定であり，民法542条の特則である。すなわち，民法542条によると，確定期売買において売主の不履行があれば，買主は催告なしで解除ができると規定されているが，商法525条によると，当事者の一方に債務不履行があった場合に相手方が直ちにその履行を請求しないと，当然に解除したものとみなされるからである。ここに確定期売買とは，売買の性質または当事者の意思表示により，特定の日時または一定の期間内に履行をしなければ契約をした目的を達することができない売買をいう。確定期売買であるか否かは，売買の性質または当事者の意思により決定される。例えば，クリスマス用品として売買されたときは，確定期売買である

（大判昭 17・4・4 法学 11・12・1289）。

　商法 525 条の適用に関しては，当事者の一方の不履行が履行遅滞に当たるかどうかにかかわらず，所定時期の経過という客観的事実によって契約は解除されたものとみなされる（最判昭 44・8・29 判時 570・49）。例えば，商人間の売買において，売主がお歳暮用商品である目的物を当該お歳暮の期間内に買主に引き渡さなかった場合には，たとえ売主が同時履行の抗弁権を行使して商品引渡債務を履行しなかったときであっても，買主は，当該売買契約の解除をしたものとみなされる。

II-3-4　買主による目的物の検査と通知

　商人間の売買において，買主は，その売買の目的物を受領したときは，遅滞なく，その物を検査しなければならない（526 条 1 項）。そして，買主は，そうした検査により売買の目的物に瑕疵があることまたはその数量に不足があることを発見したときは，直ちに売主に対してその旨の通知を発しなければ，その瑕疵または数量の不足を理由として，契約の解除又は代金減額若しくは損害賠償の請求をすることができない（同条 2 項前段）。また，売買の目的物に直ちに発見することのできない瑕疵がある場合において，買主が 6 カ月以内にその瑕疵を発見したときも，同様の扱いとなる（同条同項後段）。かかる 526 条 2 項の規定は，売主がその瑕疵又は数量の不足につき悪意であった場合には，適用されない（同条 3 項）。

　以上にみた 526 条の規定は，不特定物売買にも適用される（最判昭 35・12・2 民集 14・13・2893）。よって，商人間の不特定物売買において，その瑕疵が直ちに発見し得ないものであるときでも，受領後 6 カ月以内にその瑕疵を発見して直ちにその通知をしなければ，

契約解除または損害賠償請求ができない。そして，それ以降は，たとえ完全な給付が可能であるとしても，買主は売主に対してその請求ができなくなる（最判昭 47・1・25 判時 662・85）。

商事売買の場合でも，売買の目的物の瑕疵または数量不足を理由とする契約解除または損害賠償もしくは代金減額請求は，民法の売買の規定に依拠する。そして，民法によれば，目的物に瑕疵があることを理由とするときは契約解除または損害賠償請求はできるが，代金減額請求はできないから（巻末資料 7 参照），商事売買でも同様となる（最判昭 29・1・22 民集 8・1・198）。

また，商人間の不特定物売買において，商法 526 条に基づき通知をした後，隠れた瑕疵を原因として売買契約を解除するには，民法 570 条・566 条 3 項により買主がその瑕疵を知った時から 1 年以内にその旨の意思表示をする必要がある（巻末資料 7 参照）。この点は，債務不履行を理由とする場合も同様である（東京高判平 11・8・9 判時 1692・136）。

【債権法改正における論点‥⑤】
買主による目的物の検査と通知

商法 526 条 2 項 2 文は，（売買の目的物を受領して遅滞なく検査を行い）6 カ月以内に瑕疵を発見した場合には，直ちに売主へ通知せよと規定している。これは，商取引の迅速結了主義からくる要請であり，買主がこの期間内に瑕疵を発見できなければ，買主はその過失の有無を問わず，売主に対して権利を行使できなくなる（東京地判昭 42・3・4 下民 18・3＝4・209）。そのため，例えば，土地の売買で 6 カ月以上経って土壌汚染が見つかったような場合にも，買主は一切救済手段を失うことになってしまう。

そこで，「受領したとき」（526 条 1 項）を，「現実に目的物を受け取って検査しうる状態におくことを必要とする」とかなり限定的に

解釈することによって,「倉庫における目的物の受領」は「受領したとき」(同条同項)には含めなかった判例もある(大阪地判昭61・12・24民集46・7・1135(最判平4・10・20民集46・7・1129の第1審))。

なお,「商法526条1項後段の6ヶ月とあるのは右期間内に買主が隠れた瑕疵のあったことを知ったときは遅滞なくこれを売主に通知しなければ買主は右瑕疵に基づく権利を行使し得ないことを定めたものであり,反対に6ヶ月の期間後に発見した場合は一切の権利を失う趣旨を規定したものと解すべきではない」とする判例もある(東京地判昭30・11・15下民6・11・2386)。

以上につき,WG・21-23頁参照。

Ⅱ-3-5　買主による目的物の保管と供託

民法の規定によれば,契約の解除がなされると,当事者は原状回復義務を負うことになる(同法545条1項)。これに対して,商法527条1項は,同法526条1項に規定する場合においては,買主は,契約の解除をしたときであっても,売主の費用をもって売買の目的物を保管し,または供託しなければならないが,その物が滅失・損傷のおそれがあるときは,裁判所の許可を得てその物を競売に付し,かつ,その代価を保管し,または供託しなければならないと規定している。その趣旨は,買主の原状回復義務に特則を設けて,売主の転売機会を確保する点にある。そして,527条1項の規定により買主が売買の目的物を競売に付したときは,遅滞なく,売主に対してその旨の通知を発しなければならない(同条3項)。ただし,売主および買主の営業所(営業所がない場合にあっては,その住所)が同一の市町村の区域内にある場合には,この限りではない(同条4項)。その場合には,売主が直ちに適当な措置を採ることが可能であると解されるので,特則を設けたのである。したがって,例えば,A株式会社は,輸入

業者Bとの間でユリの球根の売買契約を締結し，Aの仕入れ担当者が引渡しに立ち会ったところ，球根の品質が契約していたものと異なっていたので，Aは直ちに売買契約の解除をBに通知した場合，Bの営業所が同一市内にあったため，Bが引き取りに来るまでの間，Aは当該球根を放置していたところ，発芽し，売り物には適さないものになったとしても，Aには責任はないことになる。

　以上にみた527条の規定は，売主から買主に引き渡した物品が注文した物品と異なる場合に，売主から買主に引き渡した右物品について，および，売主から買主に引き渡した物品の数量が注文した数量を超過した場合にその超過分の数量の物品について，それぞれ準用される（528条）。

II-4　交互計算

II-4-1　成　　立

　交互計算とは，当事者間の取引から生じた複数の債権および債務を，一定期間（交互計算期間）の経過後に，一括して決済する制度である（529条）。交互計算は，商人間または商人と商人でない者との間で平常取引をする場合において，一定の期間内の取引から生ずる債権および債務の総額について相殺をし，その残額の支払をすることを約することによって，その効力を生ずる。当事者が相殺をすべき期間を定めなかったときは，その期間は，6カ月となる（531条）。

　このように交互計算が成立するためには，当事者の少なくとも一方が商人であること，そして，当事者間に「平常取引」（＝継続的取引関係）が存在することが必要である（529条）。交互計算の制度趣旨は，決済の簡易化と担保的機能の確保にある。交互計算から除外される債権の例として，金銭債権以外の債権，不法行為に基づく債権，担保付の債権がある。なお，手形その他の商業証券から生じた債権および債務を交互計算に組み入れた場合，その商業証券の債務者が弁済をしないときは，当事者は，その債務に関する項目を交互計算から除外することができるとされている（530条，交互計算不可分の原則について，II-4-2参照）。

II-4-2　効　　果

　交互計算不可分の原則とは，交互計算期間中に生じた個々の債権を行

使することはできない，個々の債権について時効消滅や履行遅滞の問題は生じない，交互計算に組み入れられた債権を他人に譲渡することはできないことをいう。また，譲渡禁止については，民法466条2項但書の適用もない。したがって，各個の債権の差押・転付命令も第三者の善意悪意を問わず無効である（大判昭11・3・11民集15・320）。もっとも，このように交互計算契約という当事者間の合意によって，差押禁止債権を作り出せることに対しては批判もある。

他方，例えば，B信用金庫とA株式会社との間に当座勘定取引が行われているときは（当座勘定取引については，Ⅲ-1-3参照），当該取引は段階的交互計算と呼ばれるものであり，商法にいう「交互計算」には該当せず，いわゆる交互計算不可分の原則の適用はない。

【債権法改正における論点‥⑥】
段階的交互計算

　交互計算については，交互計算不可分の原則の適用される「古典的交互計算」と，たとえば当座預金契約のように，預金や支払の都度残額を算出し，交互計算不可分の原則の適用されない「段階的交互計算」とに概念上区分される。商法の規定する交互計算が前者を含むことは明らかであるが，後者も含むかについては争いがある。

　そこで，「段階的交互計算」に関する規律を新設することが考えられる。これは，現在の商法の規定が段階的交互計算を含んでいないという立場からは，新たな契約類型を規定することになる。他方，現在の商法の規定が段階的交互計算も含んでいるという立場からは，現在の条文では必ずしも明確に規定されていない点（交互計算不可分の原則が適用されず，期中に残額について差押えられること等）を明らかにする規定という位置づけになろう。

　なお，破産法59条に交互計算に関する規定があるが，段階的交互計算について何らかの規定を新設するとすれば，倒産法上の扱い

についても検討する必要があろう。
　以上につき，WG・25-28 頁参照。

II-4-3　終　　了

　当事者は，債権および債務の各項目を記載した計算書の承認をしたときは，当該各項目について異議を述べることができないが，当該計算書の記載に錯誤または脱漏があったときは，この限りでない（532 条）。すなわち，計算書の承認によって，交互計算契約の対象となっていた債権および債務が一括相殺により消滅し，新たに残額債権が生じることになる（更改，民法 513 条参照）。相殺によって生じた残額については，債権者は，計算の閉鎖の日以後の法定利息を請求することができる（533 条 1 項）。もっとも，当該相殺に係る債権および債務の各項目を交互計算に組み入れた日から，これに利息を付することは妨げられない（同条 2 項）。

　交互計算契約は，契約期間の満了の他に，たとえ契約期間を定めていても，当事者はいつでも解除できるとされている（534 条）。その理由は，交互計算契約は，継続的取引関係にあるお互いの信用に基づいたものだからである。交互計算の解除をしたときは，直ちに計算を閉鎖して，残額の支払を請求することができる（同条）。

II-5　匿名組合

II-5-1　成　立

　匿名組合とは，当事者の一方が相手方の営業のために出資をし，その営業から生ずる利益を分配することを約する契約をいう（535条）。すなわち，出資を行う匿名組合員と，営業行為を行いそこから生じる利益を匿名組合員に分配する義務を負う営業者との間における契約である。匿名組合契約は，有償，双務の諾成契約である。匿名組合員は，金銭その他の財産のみをその出資の目的とすることができ，信用や労務の出資は許されない（536条2項）。

II-5-2　効　果

　民法組合においては，各組合員の出資その他の組合財産は，総組合員の共有とされる（民法668条）。これに対して，匿名組合員の出資は，営業者の財産に属する（商法536条1項）。契約当事者の共有財産となるものではない。
　出資が損失によって減少したときは，その損失をてん補した後でなければ，匿名組合員は，利益の配当を請求することができない（商法538条）。匿名組合員は，営業者から利益分配を受ける権利を有する。そして，特約がなければ，出資の割合に応じて，利益分配がなされる（民法674条1項）。なお，匿名組合契約においては，匿名組合員に対して利益の分配をしない特約をすることは許されないが，匿名組合員が損失の負担をしない特約は可能である。

民法組合においては，組合の業務の執行は，組合員の過半数で決定するが（民法670条1項），組合の常務については，各組合員または各業務執行者が単独で行うことができるとされている（同法同条3項本文）。これに対して，匿名組合員は，営業者の業務を執行し，または営業者を代表することができない（商法536条3項）。

　また，民法組合においては各組合員が無限責任を負う。これに対して，匿名組合員は，営業者の行為について，第三者に対して権利および義務を有しないのが原則である（商法536条4項）。そして，営業者は，匿名組合における事業を運営するにあたり，善良なる管理者の注意を尽くす義務（善管注意義務）を負っている（民法671条類推，同法644条）。ただし，匿名組合員は，「自己の氏若しくは氏名を営業者の商号中に用いること又は自己の商号を営業者の商号として使用することを許諾したときは」，その使用以後に生じた債務については，営業者と連帯してこれを弁済する責任を負う（商法537条）。この趣旨は，名板貸人の責任の場合（Ⅰ-3-2参照）と同様に，相手方の信頼保護にある。

　匿名組合員は，営業年度の終了時において，営業者の営業時間内に，貸借対照表の閲覧・謄写の請求をし，または営業者の業務および財産の状況を検査することができる（商法539条1項）。また，匿名組合員は，重要な事由があるときは，いつでも，裁判所の許可を得て，営業者の業務および財産の状況を検査することができる（同条2項）。営業者に対する監視・監督を実効あらしめる趣旨の規定である。

Ⅱ-5-3　終　了

　民法組合においては，契約を終了させる手段として組合員の脱退

が用意されている（民法678条）。これに対して，匿名組合契約においては，解除が認められる場合がある。すなわち，匿名組合契約で匿名組合の存続期間を定めなかったとき，またはある当事者の終身の間匿名組合が存続すべきことを定めたときは，各当事者は，営業年度の終了時において，契約の解除をすることができるが，6カ月前にその予告をしなければならない（商法540条1項）。もっとも，匿名組合の存続期間を定めたか否かにかかわらず，やむを得ない事由があるときは，各当事者は，いつでも匿名組合契約の解除をすることができる（同条2項）。

また，当事者の意思によらない匿名組合契約の終了事由（541条）として，「組合の目的としていた事業が成功又は不成功したとき」（同条1号），「営業者が死亡したり，後見開始の審判を受けたとき」（同条2号），そして，「営業者又は匿名組合員が，破産手続の開始の決定を受けたとき」（同条3号）がある。なお，民法組合の場合（同法679条1号）と異なり，匿名組合契約は，匿名組合員の死亡によっては終了しない。

そして，匿名組合契約が終了したときは，営業者は，匿名組合員にその出資の価額を返還しなければならないが，出資が損失によって減少したときは，その残額を返還すれば足りる（542条）。すなわち，出資が損失によって減少した場合でも，営業者は，その減少額を填補して匿名組合員に出資の価額を返還する義務は負わないことになる。

II-6　仲立営業

II-6-1　意　　義

　仲立ちとは，他人の間の法律行為の成立のために尽力すること（媒介）をいい，商法上の仲立人とは，他人間の商行為の媒介をなすことを業とする者をいう（543条）。ここに媒介の対象となる「他人間の商行為」とは，委託者または第三者のいずれかにとって商行為であれば足りる。したがって，例えば，商人ではない者を相手に旅館等を周旋し宿泊契約の締結を媒介する業者は，商法上の仲立人である。委託者または第三者のいずれにとっても商行為でない場合でも，その媒介を業としてなす仲立人は商人となる（営業的商行為について，Ⅰ-1-3(2)参照。502条11号・4条1項）。

II-6-2　仲立人の義務と権利

(1) 義　　務

　仲立人がその媒介する行為について見本を受取ったときは，その行為が完了するまで，当該見本を保管する義務を負う（545条）。

　また，当事者間において行為が成立したときは，仲立人は遅滞なく各当事者の氏名・商号，行為の年月日およびその要領を記載した書面（結約書_{けつやくしょ}，巻末資料8参照）を作成してこれに署名した後に，各当事者へ交付しなければならない（546条1項）。当事者が直ちに履行をなすべき場合を除くほか，仲立人は各当事者に結約書へ署名させた後，これをその相手方へ交付しなければならない（同条2項）。

こうした結約書の作成・交付によって，契約内容を巡る後日の紛争を回避する趣旨である。もし，当事者の一方が結約書を受領せず，またはこれに署名しないときは，仲立人は遅滞なく相手方に対してその通知を発しなければならない（同条3項）。なお，商行為以外の行為の媒介をすることを業とする民事仲立人には，当事者間で行為が成立したときに，結約書を作成し各当事者に交付しなければならないような法律上の義務はない。

また，仲立人はその帳簿に，結約書に掲記する事項（546条1項）を記載する義務がある（547条1項，仲立人日記帳）。そのうえで，当事者はいつでも仲立人が自己のために媒介をした行為について，当該帳簿の謄本の交付を請求することができるとされている（同条2項）。

もし，当事者がその氏名・商号を相手方に示さない旨を仲立人に命じたときは，仲立人は結約書および仲立人日記帳の謄本に，その氏名・商号を記載することができず（548条），仲立人は自ら履行を為す責任を負う（549条）。

(2) 権　利

仲立人は結約書の作成・交付を終了した後でなければ，報酬を請求することができない（550条1項）。仲立人の報酬は当事者双方が平分して負担するが（同条2項），これは仲立料平分負担主義の現れであり，商事仲立人は，委託を受けていない当事者の利益をも公平に図ることを義務付けられる点に鑑みて，設けられた規定である。

また，仲立人はその媒介した行為について，特約や慣習があれば，当事者のために支払その他の給付を受けることができる（544条，給付受領代理権）。

【債権法改正における論点‥⑦】
商事仲立と民事仲立

　商法は,「他人間の商行為」(一方的商行為で足りるというのが通説である)の媒介をなすことを業とする者を商事仲立人と定義したうえで,かかる商事仲立人の行為に対して同法543条以下の規定を適用している。

　ところで,不動産取引の媒介を行う宅地建物取引業者は,他人間の「商行為」を媒介することもあれば(例えば,売買・賃貸借の一方当事者が会社である場合),商行為ではない行為を媒介することもある(例えば,非商人間の非投機的不動産取引の場合)。このように,商行為と商行為でない行為の両方の媒介を行う者が,商法543条にいう商事仲立人にあたるのかどうかは,実は必ずしもはっきりしていない。また,この者が商事仲立人にあたるとしても,この者が現に他人間の商行為ではない行為の媒介をする場合(商事仲立人が民事仲立を行う場合)に,商法543条以下が適用されるか否かも,条文上はっきりしていない。

　宅地建物取引業者が不動産取引の媒介をする場合,当該取引の一方当事者が会社であれば,当該媒介は商事仲立となる。しかし,不動産取引においては,交渉の途中までは当事者の素性を明かさずに媒介が行われることもしばしばある。そのような場合,非商人たる当事者にとっては,相手方当事者の素性がわからないために,当該媒介が商事仲立として商法543条以下の規定の適用を受けるのかどうかが不明であるという不都合も生じ得る。

　以上のように,商行為の媒介を引き受ける行為を商事仲立と定義したうえで,これに民事仲立とは異なるルールを適用するという現行法制では,不動産取引が商行為になるかどうかが,当事者の素性(または取引目的)により左右されることになる。これは,取引当事者の予測可能性を妨げるという点で,問題があるといえよう。

　以上につき,WG・33-36頁参照。

Ⅱ-7　問屋営業

Ⅱ-7-1　問屋の地位

　自己の名をもって他人のために法律行為をなすこと引き受ける行為を取次ぎといい，営業的商行為の一つである（502条11号，Ⅰ-1-3(2)参照）。ここに「自己の名をもって」とは，自らが法律行為の当事者として権利・義務の主体となることを意味し，他方「他人のために」とは，他人の計算において，という意味であり，その行為の経済上の効果が他人に帰属する場合を指す。

　問屋とは，「自己の名をもって他人のために物品の販売又は買入をなすことを業とする者」である（551条）。商品取引所における取引員は，商法上の問屋である（最判平19・7・19民集61・5・2019）。同条における「物品」には，有価証券が含まれる（最判昭32・5・30民集11・5・854）。問屋は，他人のためになした販売または買入によって，相手方に対して自ら権利を取得し義務を負う（552条1項）。したがって，例えば，メーカーから買い上げた商品を自己の名をもって小売店に販売する業者（いわゆる「問屋」）は，商法上の問屋には当たらないことになる。なお，準問屋とは，自己の名をもって他人のために物品の販売又は買入以外の行為をなすことを業とする者をいい，問屋の規定が準用されている（558条）。

　問屋と委託者との間においては，委任および代理に関する民法の規定が準用される（商法552条2項）。例えば，証券取引所の会員が，顧客の委託を受けて売り渡した株券が事故株であったために，会員間の申合せにより買い戻した場合，会員は顧客に対し，民法650条

3項に基づいて，買戻しに要した代金に相当する損害賠償を請求できると判示されたことがある（大阪高判平12・7・31判時1746・94）。問屋と委託者との法律関係の本質は，委任であって代理権を伴わない。よって，物品販売の委託を受けた問屋が他の問屋に再委託をした場合には，再委託を受けた問屋と委託者との関係につき，民法107条2項を準用すべきではないとされる（最判昭31・10・12民集10・10・1260）。また，問屋が委託の実行として行った売買によって取得した権利について，実質的利益を有するのは委託者であるから，問屋がこの権利を取得した後，これを委託者に移転しない間に破産した場合においては，委託者は右権利につき取戻権を行使できることになる（最判昭43・7・11民集22・7・1462）。

Ⅱ-7-2　問屋の義務と権利

(1) 義　務

　問屋が委託者の指定した金額（指値）より廉価で販売を行い，または高価で買入を行った場合，自らその差額を負担するときはその販売または買入は委託者に対してその効力を生ずる（554条）。問屋は，委託者のために行った販売または買入について相手方がその債務を履行しない場合，別段の特約や慣習がなければ，自らその履行をなす責任がある（553条，履行担保責任）。なお，代理商の通知義務の規定（27条，Ⅰ-7-2(1)参照）は，問屋に準用される（557条）。

(2) 権　利

　問屋が，取引所の相場がある物品の販売又は買入の委託を受けたときは，自ら買主または売主となることが可能であり，売買の代価は，問屋が買主または売主となったことの通知を発した時における

取引所の相場によって決定されることになる（555条1項，介入権）。この場合においても，問屋は委託者に対して報酬を請求することができる（同条2項）。問屋が買入の委託を受けた場合において，委託者が買入れた物品を受け取ることを拒みまたはこれを受け取ることができない場合は，売主による目的物の供託および競売に関する規定（524条，II-3-2参照）が準用されることになる（556条）。

　なお，代理商の留置権の規定（31条，I-7-2（2）参照）は，問屋に準用される（557条）。具体的には，証券会社が株券の受託売却をした後，それが盗難株券であることを知ったため，証券取引所の会員間の内規に従って，当該株券を買い戻したうえ，売買差損について，被盗取者に対し問屋の留置権を主張した事案において，以下のように判示された。すなわち，商法31条に規定される留置権は，目的物が債務者の所有に属するものであることを要件とするものではないものの，委託者や本人が全く無権原ないし無権限の場合や，権原ないし取引権限を取得することが社会通念上不可能な場合にまで，代理商（問屋）に留置権を認めて，保護しようとするものではない（東京高判平12・6・22金判1103・23）。

Ⅱ-8　運送取扱営業

Ⅱ-8-1　意　義

　運送取扱人とは，自己の名をもって物品運送（Ⅱ-9-2参照）の取次ぎを行うことを業とする者をいう（559条1項）。物品運送には，陸上運送・海上運送・航空運送が含まれるが，旅客運送（Ⅱ-9-4参照）は含まれず，旅客運送の取次ぎを行う者は，準問屋にあたることになる（558条，Ⅱ-7-1参照）。ここに取次ぎとは，自己の名をもって他人の計算において法律行為をすることを引き受ける行為であり，営業的商行為である（502条11号，Ⅰ-1-3 (2) 参照）。運送取扱人には，別段の定めがある場合を除いて，問屋に関する規定が準用される（559条2項，Ⅱ-7参照）。なお，荷受人による荷送人の権利の取得（583条，Ⅱ-9-2 (3) 参照）の規定は，運送取扱営業に準用されている（568条）。

　運送取扱人は特約がなければ自ら運送をすることができるが，その場合，運送取扱人は運送人と同一の権利義務を有することになる（565条1項，Ⅱ-9-2 (2)・(3) 参照）。特に，運送取扱人が委託者の請求によって貨物引換証（Ⅱ-9-3参照）を作成したときは，自ら運送を行うものとみなされる（同条2項）。

Ⅱ-8-2　運送取扱人の義務と権利

(1) 義　務
　運送取扱人は，自己またはその使用人が運送品の受取，引渡，保

管，運送人または他の運送取扱人の選択，その他，運送に関する注意を怠らなかったことを証明できなければ，運送品の滅失・毀損または延著（延着）について損害賠償の責任を負う（560条）。例えば，荷受人が荷物の受取を拒否した場合，発送人に通知をせずに第三者に荷物を引き渡した運送取扱人は，荷物引渡しにつき注意義務を尽くしたとはいえないと判示された（最判昭30・4・12民集9・4・474）。高価品に関する特則（578条，Ⅱ-9-2（2）参照）の規定は，運送取扱営業に準用されている（568条）。

　荷受人が運送品を受取った日から1年を経過したときは，運送取扱人の責任は時効によって消滅する（566条1項）。その期間は，運送品の全部滅失の場合，その引渡がなされるべき日から起算する（同条2項）。ただし，これらの規定は運送取扱人が悪意である場合には適用されない（同条3項）。

(2) 権　　利

　運送取扱人には問屋に関する規定が準用されることから（559条2項），運送取扱人と委託者との間では，運送取扱人が取得した権利は直ちに委託者に帰する。しかし，委託者は，運送取扱人が取次行為により取得した権利を，取次行為の相手方や，その他の第三者に対しては，直ちに行使することはできない（大判明40・6・21民録13・694）。運送取扱人が運送品を運送人に引渡したときは，直ちにその報酬を請求することができる（561条1項）。しかし，運送取扱契約をもって運送賃の額を定めたときは，運送取扱人は特約がなければ別に報酬を請求することができない（同条2項）。運送取扱人は運送品に関して受取るべき報酬・運送賃その他委託者のために行った立替または前貸しについてのみ，その運送品を留置することができる（562条）。

同一の運送品について，数人の運送取扱人が相次いで運送の取次をすることを相次運送取扱というが，中間運送取扱人（第2次以下の運送取扱人）は，それぞれ後者が前者に代わってその権利を行使する義務を負うことになる（563条1項）。この場合において，後者が前者に弁済をしたときは前者の権利を取得する（同条2項）。

　運送取扱人が運送人に弁済をしたときは，運送人の権利を取得する（564条）。運送取扱人の委託者または荷受人に対する債権は，1年を経過した時は時効によって消滅する（567条）。

II-9　運送営業

II-9-1　意　義

　運送人とは，陸上または湖川，港湾において物品または旅客の運送を行うことを業とする者である（569条）。例えば，湖上を航行する遊覧船の事業者が顧客と締結する契約にも，商法第2編第8章に定められている運送営業に関する規定が適用される。運送に関する行為が営業としてなされるときは，営業的商行為となる（502条4号，I-1-3(2)参照）。わが国の商法は，陸上運送を運送営業として，商行為編に規定する。海上運送については，「第三編　海商」と，国際海上物品運送法の規制がある。航空運送については，国際航空運送に関するワルソー条約の他は，わが国の商法には規定がない。

II-9-2　物品運送

(1) 運 送 状

　荷送人は，運送人の請求によって運送状を交付しなければならない（570条1項，巻末資料9参照）。運送状の交付を請求するか否かは，運送人の自由である。運送状には，「運送品の種類，重量又は容積及びその荷造の種類，個数並びに記号」（同条2項1号），「到達地」（2号），「荷受人の氏名又は商号」（3号），「運送状の作成地及びその作成年月日」（4号）を記載したうえで，荷送人が署名しなければならない（同条2項）。運送状は，送り状ともいわれ，運送品の同一性の判断や当該運送契約における権利・義務の関係を明らかにす

るという機能を有する。ただし、運送状は有価証券（Ⅲ-1-1 参照）ではなく、単なる証拠証券（法律関係の存否・内容を証明する証券）にすぎない。

(2) 運送人の義務

　運送品の全部または一部が不可抗力（Ⅱ-10-1 参照）によって滅失したときは、運送人はその運送賃を請求することができない。もし運送人が既にその運送賃の全部または一部を受け取っていたときは、これを返還しなければならない（576 条 1 項）。ただし、運送品の全部または一部がその性質もしくは瑕疵または荷送人の過失によって滅失したときは、運送人は運送賃の全額を請求することができるとされている（同条 2 項）。

　民法における債務不履行責任の一般原則は過失責任であり、また、過失の立証責任は債務者に転換される（民法 415 条）。商法は、陸上運送の運送人の損害賠償責任に関して、物品運送は 577 条に、旅客運送（Ⅱ-9-4 参照）は 590 条に、それぞれ規定を置いている。前者は 766 条により、後者は 786 条により、それぞれ海上運送にも準用されている。これら各規定は過失責任であり、かつ、運送人が過失の不存在を立証しなければならない。よって、民法上の原則と相違はない。

　すなわち、運送人は、自己もしくは運送取扱人またはその使用人その他運送のために使用した者が運送品の受取、引渡、保管および運送に関して注意を怠らなかったことを証明しなければ、運送品の滅失、毀損または延着について損害賠償の責任を免れないとされている（577 条）。かかる運送取扱人または運送人の責任に関しては、運送取扱契約ないし運送契約上の債務不履行に基づく損害賠償請求権と、不法行為に基づくそれとの競合が認められる。そして、その

ためには，運送取扱人ないし運送人の側に過失があれば足り，必ずしも故意または重過失の存在を要求するものではない（最判昭38・11・5民集17・11・1510）。この点，運送人は，自己または運送に使用した者に過失がなかったことを立証し得ない限り，たとえこれらの者に対する選任・監督につき注意を怠らなかったことを証明し得たとしても，損害賠償責任を免れないことになる（大判昭5・9・13新聞3182・14）。

実際に，運送人に過失が認定された事案として，例えば，設立準備中の会社を荷受人とする運送契約において，運送品を設立事務所に運送することを内容とするものであり，かつ，かつて同じ荷受人の表示のある運送契約において設立事務所に配達したことがあるのに，その1カ月後に，設立準備委員の1人の指図に従い，同委員に運送品を引き渡した結果その滅失を招いた場合が挙げられる（最判昭35・3・17民集14・3・451）。

損害賠償の額をあらかじめ定めた責任限度額に限定することは，運賃を可能な限り低い額にとどめて宅配便を運営していく上で，合理的なものである。かかる趣旨からすると，責任限度額の定めは，運送人の荷送人に対する債務不履行に基づく責任についてだけでなく，荷送人に対する不法行為に基づく責任についても適用されるものと解すべきである。そして，荷受人も，少なくとも宅配便によって荷物が運送されることを容認していたなどの事情が存するときは，信義則上，責任限度額を超えて運送人に対して損害の賠償を求めることは許されない（最判平10・4・30判時1646・162）。

ところで，商法上，特別な責任発生原因規定の定めがあると，その規定が民法上の責任規定に優先して適用される。その一つが，高価品についての特則である（578条）。すなわち，①「高価品」については，荷送人が運送を委託するに当たり，その種類および価額を②

「明告」しなければ，運送人は損害賠償の責を負わないとされている（同条）。

ここに①「高価品」とは，容積または重量の割に著しく高価な物品を意味し，（研磨機のような）容積・重量ともに相当巨大であり，その高価なことも一見して明瞭なものは「高価品」とはいえない（最判昭45・4・21判時593・87）。また，パスポートも，各人にとっては貴重品であるが，それ自体として交換価値があるものではなく，①「高価品」には当たらない（東京地判平元・4・20判時1337・129）。

そして，②「明告」の有無に関しては，例えば，運送人の依頼によって絨毯目録が作成・送付されたが，右目録においては，絨毯の産地名，工房名，色および柄の特徴，新旧の別並びに大きさによって，それぞれの絨毯の種類が特定されるとともに，それぞれについての評価額が記載されており，高価品の②「明告」があると判示された（東京地判平10・5・13判時1676・129）。

なお，鉄道営業法11条の2第2項および鉄道運輸規程73条2号は，商法578条の特則であると解すべきである。すなわち，荷送人が運送人に対し高価品の運送を委託するに際し，たとえその種類・価額を②「明告」した場合であっても，要償額を表示し，かつ表示料を支払っていなければ，運送人は，同規程同条同号所定の金額を超えて，荷送人に対して損害賠償責任を負わないことになる（最判昭63・3・25判時1296・52）。

以上，578条の規定は，運送契約上の損害賠償責任の減免に関するものであるが，運送契約の当事者が不法行為による損害賠償請求をすると右の規律を免れる結果になり，同条の趣旨を没却することになるため，不法行為責任に対しても適用される（東京地判平2・3・28判時1353・119）。

数人が相次いで運送を行う場合において，各運送人は運送品の滅失，毀損または延着について連帯して損害賠償の責任を負う（579条）。ここに「数人が相次いで運送を行う場合」（＝相次運送）とは，ある運送人が荷送人より引き受けた運送につき，他の運送人が荷送人のためにする意思をもって相次いで運送を引き受ける場合をいう。当初の運送人が運送の全部を引き受け，後の運送人が受託者または下請負人としてする運送は含まれない（大判明45・2・8民録18・93）。

運送品が「全部」滅失した場合における損害賠償の額は，その引渡しがあるべき日における到達地の価格によって定める（580条1項）。この規定は，運送品が全部滅失したにもかかわらず荷送人または荷受人に全く損害が生じない場合についてまで，運送人に損害賠償責任を負わせるものではない（最判昭53・4・20民集32・3・670）。これに対して，運送品の「一部」滅失または毀損があった場合における損害賠償の額は，その引渡があった日における到達地の価格によって定めるが，延着の場合においては580条1項の規定が準用される（同条2項）。そして，運送品の滅失または毀損のため支払う必要がない運送賃その他の費用は，損害賠償額（同条1・2項）より控除されることになる（同条3項）。

運送品が運送人の悪意または重大な過失によって滅失，毀損または延着したときは，運送人は一切の損害を賠償する責任を負う（581条）。例えば，運送業者の使用人が集荷した貨物を自動車に積み込んだ際に，積込口の扉の施錠または扉が完全に嵌合して走行中に開扉することのないことの確認を怠ったような場合に，重過失が認定されたことがある（最判昭55・3・25判時967・61）。

運送人の支配下に移った後の品物の滅失の原因については，運送人側が立証に協力してくれなければ，運送依頼人は全く救済される

余地がなくなってしまうことになるから，右原因が全く判明しない場合には，運送人に重過失があったものと推認し，581条を適用することが妥当であると判示されたことがある（東京地判平元・4・20判時1337・129）。他方で，荷送人にとって重過失の存在を立証することは困難ではあるものの，たとえ重過失の立証がなされなくても，責任限度額の範囲では損害賠償を受けられるうえに，そもそも高価品についての損害等は，価格の明告，保険制度の利用等により回避が可能であること，さらに，重過失の立証についても，他の運送業者との比較等によってその管理体制の不備等を具体的に立証することなどにより，立証可能な場合もあり得ることを理由として，運送保険をかけずに低廉な料金で運送することが主要な合意事項でもある宅配便においては，重過失の存在は推認されないと判示されたこともある（大阪地判平3・11・11判時1461・156）。

運送人の責任は，荷受人が留保をせずに運送品を受け取り，かつ運送賃その他の費用を支払うと消滅するのが原則である。しかし，運送品に直ちに発見することができない毀損または一部滅失があった場合において，荷受人が引渡の日から2週間以内に運送人に対してその通知を発した場合は，その例外である（588条1項）。ただし，運送人に悪意ある場合には，同条同項は適用されない（同条2項）。ここに「運送人に悪意ある場合」とは，運送人が運送品に毀損または一部滅失のあることを知って引き渡した場合をいう（最判昭41・12・20民集20・10・2106）。

運送取扱人の責任の時効の規定（566条，II-8-2参照）は，運送人に準用されるので（589条），荷受人が運送品を受け取った日から1年が経過すると，運送人の責任は時効によって消滅することとなる。

(3) 運送人の権利

　荷送人または貨物引換証（Ⅱ-9-3参照）の所持人は，運送人に対して運送の中止，運送品の返還その他の処分を請求することができるが，運送人は既に行った運送の割合に応じた運送賃，立替金およびその処分によって生じた費用の弁済を請求することができる（582条1項）。かかる荷送人の権利は，運送品が到達地に達した後，荷受人がその引渡を請求したときは消滅する（同条2項）。

　そして，運送品が到達地に達した後は，荷受人が，運送契約によって生じた荷送人の権利を取得するとともに（583条1項），運送品を受取ったときは，運送人に対して運送賃その他の費用を支払う義務を負うことになる（同条2項）。

　運送人は，荷受人を確知することができないときは，運送品を供託することができる（585条1項）。この場合，運送人が荷送人に対して相当の期間を定めて運送品の処分について指図をすべき旨を催告しても，荷送人がその指図をしないときは，運送品を競売することができる（同条2項）。なお，運送人が，こうした同条の規定に従い運送品の供託または競売をした場合，遅滞なく荷送人に対してその通知を発する必要がある（同条3項）。

　以上585条の規定は，運送品の引渡に関して争いある場合に準用される（586条1項）。運送人が競売を行うには，あらかじめ荷受人に対して相当の期間を定めて運送品の受取りを催告し，その期間経過の後，さらに荷送人に対する催告を行う必要がある（同条2項）。運送人は，荷受人に対しても，運送品の供託または競売の通知を遅滞なく発する必要がある（同条3項）。

　売主による目的物の競売の規定（524条2・3項，Ⅱ-3-2参照）は，荷受人不明の場合（585条）や，運送品の引渡しについて争いがある場合（586条）に準用される（587条）。また，運送取扱人の留置

権（562条），中間運送取扱人の代位（563条），および，運送取扱人の債権の時効（567条）の各規定も，運送人に準用される（589条，II-8-2（2）参照）。

II-9-3　貨物引換証

　貨物引換証（巻末資料10参照）とは，運送人が運送品を受け取ったことを証し，これを目的地に運送の上，この証券の正当な所持人に引き渡すことを約束した有価証券（III-1-1参照）をいう。運送人は，荷送人の請求により貨物引換証を交付しなければならない（571条1項）。この貨物引換証には，「運送品の種類，重量又は容積及びその荷造の種類，個数並びに記号」，「到達地」，「荷受人の氏名又は商号」，「荷送人の氏名又は商号」，「運送賃」，「貨物引換証の作成地及びその作成年月日」をそれぞれ記載し，運送人は署名しなければならない（同条2項1-4号）。

　貨物引換証を作成したときは，運送に関する事項は運送人と所持人との間においては貨物引換証の定めによる（572条）。これを，貨物引換証の文言証券性という（III-2-3参照）。もっとも，貨物引換証は有因証券（有因・無因についてIII-1-5参照）でもあり，運送人の貨物引渡債務は荷送人より受け取った運送品を目的とする債務であるから，運送人が運送品を受け取らない限りは貨物引換証が発行されても，これを引き渡すべき債務は発生しない（大判大2・7・28民録19・668）。また，運送品を受け取らずに作成された貨物引換証は，原因を具備しないと同時に目的物を欠くもので無効である。それが流通に置かれた後に運送品が運送人に引き渡されても，有効となるわけではない（大判昭13・12・27民集17・2848）。

　貨物引換証を作成したときは，運送品に関する処分は貨物引換証をも

って行わなければならない（573条）。これを，貨物引換証の処分証券性という。ここに，貨物引換証によってその記載の貨物を自由に処分し得る者は，その適法な所持人に限られている。そして，無記名式の場合はその証券所持人，記名式の場合はその名宛人または被裏書人が適法な所持人であり，記名式貨物引換証については，単に証券を所持するだけでは貨物を自由に処分することができない（大判大13・7・18民集3・399）。貨物引換証の所持人は，その証券を譲り受けた当時，証券記載の運送品が運送人の故意・過失により滅失して運送品返還請求権が変じて損害賠償請求権となったときは，右損害賠償請求権を取得する（大判昭6・11・13民集10・1013）。

　貨物引換証は，記名式であっても裏書により譲り渡すことができる（574条本文，指図証券性についてⅢ-6-1参照）。ただし，貨物引換証に裏書を禁止する旨を記載したときは，この限りではない（同条但書）。貨物引換証により運送品を受取ることができる者に貨物引換証を引渡したときは，その引渡は運送品の上に行使する権利の取得につき，運送品の引渡と同一の効力を有する（575条，物権的効力）。しかし，貨物引換証記載の運送品が真実の運送品と全然異なるときは，たとえ右証券を引き渡したとしても，その引渡しには運送品の引渡しと同一の効力はない（大判昭18・1・15法学12・9・791）。では，貨物引換証の発行されている運送品について，運送人または運送人が指定した到達地の運送取扱人が，右運送品を貨物引換証と引き換えることなくその所持人以外の者に引き渡したところ，右引渡しを受けた者が自己の所有物としてこれに質権を設定した場合はどうか。この場合，右質権者が平穏かつ公然，善意，無過失でこれを占有したときは，その者は民法192条によりその運送品に対する質権を取得することになり，貨物引換証の所持人は，たとえこうした事実を知らないとしても，その売得金に対して権利を主張すること

はできないことになる（大判昭7・2・23民集11・148）。

　貨物引換証を作成した場合においては，それと引換えでなければ運送品の引渡しを請求することができないとされているが（584条，受戻証券性についてⅢ-8-2参照），同条は強行規定ではない。すなわち，運送人が荷受人に対して，後日貨物引換証の交付を受ける約定の下にそれと引換えでなく貨物を引き渡したときは，その後，貨物引換証の正当な所持人の請求による貨物引渡しの不履行による損害賠償の責任を免れることはできないが，右の約定自体が無効とされるわけではない（大判大15・9・16民集5・688）。

Ⅱ-9-4　旅客運送

　旅客の運送人は，自己またはその使用人が運送に関して注意を怠らなかったことを証明しなければ，旅客が運送のために受けた損害を賠償する責任を免れることができない（590条1項）。この点につき，例えば，旅客から特別料金を徴収して特別車両を提供した場合の運送契約における鉄道事業者が負担すべき債務の内容は，旅客を安全に目的地まで輸送することに尽きるものではなく，一定の付加価値を有する設備およびサービスの提供によって，旅客の快適性を確保することをも含まれる。そして，それが確保されているかどうかは，列車の性質，運送区間，運送料金等の各運送契約の内容を勘案し，客観的にみて，一定の水準の設備，サービスが提供されているか否かにより判断されるものである（東京地判平17・10・4判時1944・113）。そして，損害賠償額の決定にあたっては，裁判所は被害者およびその家族の情況を斟酌しなければならない（同条2項）。これは，特別損害に対する当事者の予見の有無を問わない点で，民法416条2項の例外を規定しているものである。

旅客より引渡しを受けた手荷物については，旅客の運送人は，特に運送賃を請求していなくとも，物品の運送人と同一の責任を負う（591条1項）。手荷物が到達地に達した日から1週間以内に旅客がその引渡しを請求しないときは，商法524条の規定（売主による目的物の供託および競売についてⅡ-3-2参照）が準用される（591条2項本文）。もっとも，住所または居所の知れていない旅客には，催告および通知を行う必要はない（同条同項但書）。

これに対して，引渡しを受けない手荷物については，旅客の運送人は，その滅失または毀損について，自己またはその使用人に過失がある場合を除き，損害賠償の責任を負わない（592条）。

II-10 寄　　託

II-10-1　場屋営業

　民法659条は,「無報酬で寄託を受けた者は,自己の財産に対するのと同一の注意をもって,寄託物を保管する義務を負う」と規定する。しかし,かかる民法上の無償寄託の規定を商事寄託にも適用してしまうと,受寄者の注意義務が軽減されてしまうので,商人の信用を維持することができなくなる。そこで,商法593条は,「商人がその営業の範囲内において寄託を受けたときは,無報酬であっても善良な管理者の注意をしなければならない」と規定したのである。

　さらに商法は,客の来集を目的とする場屋の取引を営業的商行為の一つとしており（502条7号, I-1-3（2）参照）,場屋の営業主が寄託を受けた物品が滅失した場合等の取扱について,594条から596条まで規定を置いている。

　第一に,商法594条は,旅店,飲食店,浴場その他客の来集を目的とする場屋の主人は,客から①「寄託を受けた」物品の滅失または毀損につき,それが②「不可抗力」によるものであることを証明しなければ,損害賠償の責任を免れないと規定する（同条1項,レセプツム責任とよばれる）。ここに①「寄託を受けた」と認められた事案として,例えば,ホテル利用者が,自己所有の自動車をホテル側でホテルの敷地内で移動させることを了承し,その鍵を従業員に交付した場合,それによりホテルに対してその保管を委託し,ホテルがこれを承諾したのであるから,ホテルはその営業の範囲内において,無償で当該のホテル利用者から本件自動車の寄託を受けたと

いうべきであると判示されたことがある（大阪高判平 12・9・28 判時 1746・139）。また、②「不可抗力」とは、特定事業の外部から発生した出来事で、通常必要とされる予防方法を尽くしてもなお防止できない危害を意味する。この点に関しては、例えば、ある旅館の玄関前面の丘陵部分が集中豪雨により崩落し、それに接して設けられていた駐車場に駐車していた車両が損傷を受けた場合に、右丘陵部分に何らかの土留め設備が設けられていれば本件崩落事故は生じなかった可能性があること、また、土砂崩れが始まってから旅館従業員等が事態に迅速に対応していれば本件車両の損傷の被害を防止できたとの疑いがあることから、右車両の損傷は②「不可抗力」によるものとは認められないと判示されたことがある（東京地判平 8・9・27 判時 1601・149）。

他方で、客から特に①「寄託を受けた」ことがない物品といえども、場屋中に携帯している物品が、場屋の主人またはその使用人の③「不注意」によって滅失または毀損したときは、やはり場屋の主人は損害賠償の責任を負うことになる（594 条 2 項）。かかる③「不注意」の存在が認められた事案としては、次のものがある。すなわち、ゴルフ場経営者が自ら営業する場屋に「貴重品ロッカー」と銘打ってロッカーを設置したのであるから、ロッカー自体の安全を維持確保することは当然であるところ、右ロッカーはフロントから全く見えないところに設置され、さらに警備の程度も通常採られるべき水準に達していなかったと推認されるため、ゴルフ場経営者には、右ロッカーに保管されていた財布が窃取されたことに関して③「不注意」（同条同項）があるとされた（秋田地判平 17・4・14 判時 1936・167）。

以上の 594 条 1・2 項に規定された場屋の主人の責任は、たとえ客の携帯品について責任を負わない旨を告示していても、免れるこ

とができない(同条3項)。

　第二に、商法595条は、貨幣、有価証券その他の高価品については、客がその種類および価額を④「明告」したうえで、場屋の主人(594条)に寄託したのでなければ、場屋の主人はその物品の滅失または毀損によって生じた損害を賠償する責任を負わないと規定している。ただし、595条の規定によって債務不履行に基づく損害賠償責任を負わない場合でも、不法行為に基づく損害賠償責任を負うことはあり得る(大判昭17・6・29新聞4787・13)。

　ここにいう④「明告」が認められた具体的事案としては、次のものがある。すなわち、ロッカーの上には、「貴重品ロッカー」との文言が掲げられていたこと、ロッカーに貴重品を預けることを勧める旨の張り紙がなされていたこと、ロッカーのボックスの大きさから財布が預けられることが多いことは容易に想像されること、財布には通常キャッシュカードの類が入っていることに加え、預金金額もゴルフ場の会員として常識的な額の範囲内であったことなどの事情を考慮すれば、ゴルフ場経営者には高価品の認識があったと認めるのが相当であるとされ、結局、高価品の④「明告」が存在すると判示された(秋田地判平17・4・14判時1936・167)。なお、種類・額の明告がない限り、宿泊客の携行品等のうちフロントに預けなかった物に関する損害賠償の責任限度額を15万円とする旨の約款は、ホテル側に故意または重大な過失がある場合には適用されないと判示されたことがある(最判平15・2・28判時1829・151)。

　そして第三に、596条は場屋営業者の責任に関して短期消滅時効を定める。すなわち、場屋営業者の責任(594条・595条)は、場屋の主人が寄託物を返還し、または客が携帯品を持ち去った後1年を経過したときは時効によって消滅する(596条1項)。この期間は、物品の全部滅失の場合においては客が場屋を去った時から起算する(同条

2項)。しかし，場屋の主人が悪意である場合には，こうした時効の規定は適用されない（同条3項）。

【債権法改正における論点‥⑧】
場屋営業者の責任と明告

　商法595条は，高価品について，客がその種類・価額を「明告」して，これを場屋営業主に寄託したのでなければ，当該高価品の滅失・毀損によって生じた損害を賠償する責任を負わないと規定している。民法の一般原則に従うならば，相当因果関係の問題として処理されることになり，たとえ「明告」がない場合でも，場屋営業主の責任が常にゼロになることはないはずである。しかし，同条によれば，場屋営業主は全面的に免責されるという結論になる。また，同条と同趣旨の規定は，運送取扱営業（Ⅱ-8参照）と運送営業（Ⅱ-9参照）については存在するが，倉庫営業については存在しない。このように民法の一般原則とは異なる特則を，運送に関連する営業と場屋営業についてのみ設けることは妥当であろうか。

　また，商法595条は，明告が「なかった」場合の効果を規定しているだけで，明告が「あった」場合の効果については規定していない。とすれば，責任限度額を特約していない限りは，明告さえあれば寄託物の価額全部について場屋営業主が責任を負うという結論になりそうであるが，その結論は妥当であろうか。

　以上につき，WG・44頁参照。

Ⅱ-10-2　倉庫営業

(1) 意　義

　倉庫営業者とは，他人のために物品を倉庫に保管することを業とする者をいう（597条）。倉庫寄託契約とは，倉庫営業者が寄託者のために

物品を倉庫に保管することを約する,すなわち寄託の引受け(502条10号,Ⅰ-1-3(2)参照)をなす契約である。当事者が保管の期間を定めなかったときは,倉庫営業者は受寄物の入庫の日から6カ月を経過した後でなければ,その返還をすることができないが,やむを得ない理由があるときは,この限りではない(619条)。

(2) 倉庫証券

　倉庫営業者は寄託者の請求により,寄託物の預証券および質入証券を交付しなければならない(598条)。ここに預証券とは,寄託物を譲渡するために用いられるものであって,寄託物返還請求権を表章する証券である。他方,質入証券とは,寄託物上に質権を設定するために用いられるものであって,当該証券に記載された債権とこれに対する質権とを表章する証券をいう。商法は,預証券と質入証券の二券を交付する複券主義(598条)と,これに代えて倉荷証券(巻末資料11参照)だけを交付する単券主義(627条1項)とを併用している。倉庫証券とは,これら三証券,すなわち預証券・質入証券・倉荷証券の総称である。倉荷証券には,預証券に関する規定が準用される(同条2項)。

　預証券および質入証券の所持人は倉庫営業者に対して寄託物を分割し,かつその各部分に対する預証券および質入証券の交付を請求することが可能であり,この場合,所持人は前の預証券および質入証券を倉庫営業者に返還しなければならない(601条1項)。寄託物の分割および証券の交付に関する費用は,所持人が負担する(同条2項)。

　預証券および質入証券には,「受寄物の種類,品質,数量及びその荷造の種類,個数並に記号」(599条1号),「寄託者の氏名又は商号」(同条2号),「保管の場所」(同条3号),「保管料」(同条4号),

「保管の期間を定めたときはその期間」（同条5号），「受寄物を保険に付したときは，保険金額，保険期間及び保険者の氏名又は商号」（同条6号），「証券の作成地及びその作成年月日」（同条7号）および番号を記載して，倉庫営業者が署名しなければならない。さらに，上記の1号・2号・4号・5号・6号については，右証券の番号とその作成年月日とともに，倉庫営業者はその帳簿（倉庫証券控帳）にも記載することを要する（600条）。預証券または質入証券が滅失したときは，その所持人は相当の担保を供して証券の再交付を請求することが可能であるが，この場合，倉庫営業者はその旨を倉庫証券控帳に記載しなければならない（605条）。

預証券および質入証券を作成した場合は，寄託に関する事項は，倉庫営業者と所持人との間においては，その証券の定めるところによる（602条，文言証券，Ⅲ-2-3参照）。例えば，倉荷証券に，保管料等寄託物に関する費用は証券所持人が負担するものとする趣旨の記載があり，第三者が裏書譲渡によってその倉荷証券を取得したときは，特段の事情のない限り，当該記載文言に従って，所持人が当該費用の債務を引き受けるという意思の合致が各当事者間にあると解される（最判昭32・2・19民集11・2・295）。

倉庫業者は，荷造りの性質上受寄物の内容を検査することができない場合には，証券上に受寄物の内容に責任を負わない旨の免責文句を記載することができる。しかし，容易に点検することができるにもかかわらず，包装すら点検せずに寄託者の申出だけに頼って受寄物に関して証券に虚偽の記載をし，そのため証券所持人に損害を発生させた場合には，たとえ右免責文句を記入したとしても責任を免れることができない（大判昭14・6・30民集18・729）。また，倉庫業者が，寄託を受けた物品の内容を点検することができなかったため，外装記載の通りに本当に入っているものと信じて，実際に預

かった物でないものを受託物として倉荷証券に記載した場合，免責文句を記入しない限り，善意の証券所持人に対しては責任を免れることができない（大判昭11・2・12民集15・357）。ただし，倉荷証券に表示された荷造りの方法，受寄物の種類からみて，その内容を検査することが容易でなく，または，荷造りを解いて内容を検査することによってその品質・価格に影響を及ぼすことが一般取引の通念に照らして明らかな場合に限っては，倉庫業者は，免責条項を援用して，証券所持人に対する文言上の責任を免れることが可能である（最判昭44・4・15民集23・4・755）。

　預証券および質入証券は，記名式であっても裏書によって譲渡しまたは質入することができるが（法律上当然の指図証券），証券に裏書を禁止する旨の記載をしたときは，この限りではない（603条1項，指図証券性についてⅢ-6-1参照）。預証券の所持人が未だ質入れをしない間は，預証券および質入証券は各別に譲渡することができない（同条2項）。なお，倉荷証券の裏書人欄に裏書人である会社の記名捺印がなされていれば，会社の代表機関が会社のためにすることを示して記名捺印しなくても，適式の裏書として取り扱うという商慣習法ないし商慣習は存在しないとされる（最判昭57・7・8判時1055・130）。

　預証券および質入証券を作成した場合においては，これと引換えでなければ寄託物の返還を請求することができないと規定されており（620条，受戻証券性についてⅢ-8-2参照），したがって，倉庫業者は倉荷証券と引換えでなければ受寄物を返還すべきではない。もし，それと引換えでなく受寄物を返還したときは，特別の事情のない限り，証券所持人がそれにより受けた損害を賠償しなければならないこととなる（大判昭8・2・23民集12・449）。

　預証券および質入証券には，貨物引換証に関する規定（573条・

575条)が準用される(604条)。すなわち,寄託物に関する処分は証券をもって行い,証券の引渡しが寄託物の上に行使する権利の取得について,引渡しと同一の効果を持つことになる(引渡証券,物権的効力)。

(3) 荷渡指図書

荷渡指図書(巻末資料12参照)は,寄託者から受寄者である倉庫業者に宛てて荷渡先を指定して,これに受寄物を引き渡すことを依頼するものにすぎない。よって,荷渡先がこれを受寄者に呈示する以前は,寄託者は受寄者に対する通知によって右依頼を撤回することができる(最判昭35・3・27民集14・4・501)。そして,荷渡指図書による指図は,いつでも電話や口頭で取消し・撤回ができるから,貨物引換証(Ⅱ-9-3参照)や倉庫証券(Ⅱ-10-2(2)参照)とは異なり物権的効力はなく,荷渡指図書の交付には指図による占有移転(民法184条)の効力はないとされる(最判昭48・3・29判時705・103)。ただし,寄託者Aが倉庫業者Bに寄託した物品の買受人Cへの売渡しに基づく引渡しの手段として,右物品をCへ引き渡すことを依頼する旨を記載した荷渡指図書をB宛てに発行し,BがAの意思を確認するなどしてその寄託者台帳上の寄託者名義をAからCに変更したような場合においては,Cは指図による占有移転を受けることによって,「占有」(民法192条)を取得したことになると判示された(最判昭57・9・7民集36・8・1527)。

(4) 倉庫営業者の義務と権利

倉庫営業者が保管義務を履行する際は,善良な管理者の注意義務が要求される(593条)。倉庫営業者は,自己またはその使用人が受寄物の保管に関し注意を怠らなかったことを証明しなければ,その

滅失・毀損について損害賠償責任を負う（617条）。もっとも，たとえ受寄者の責めに帰すべき事由により寄託物返還義務が履行不能となったとしても，寄託者が即時取得しなかったため寄託物の所有者でなく，寄託物がその真の所有者の手中に帰ったような場合には，寄託者が寄託物の価格相当の損害を被ったとはいえない。よって，寄託者は，寄託物の返還に代わる填補賠償を請求する権利はないことになる（最判昭42・11・17判時509・63）。

寄託者または預証券の所持人は，営業時間内ならいつでも，倉庫営業者に対して寄託物の点検もしくはその見本の摘出を求め，またはその保存に必要な処分をすることができる（616条1項）。また，質入証券の所持人は，営業時間内ならいつでも，倉庫営業者に対して寄託物の点検を求めることができる（同条2項）。

運送人の責任に関する特別の消滅事由の規定（588条, II-9-2（2）参照）は，倉庫営業者に準用される（625条）。また，寄託物の滅失または毀損によって生じた倉庫営業者の責任は，出庫の日から1年を経過したときは時効によって消滅する（626条1項）。右期間は，寄託物の全部滅失の場合においては，倉庫営業者が預証券の所持人に対して，あるいは，その所持人が不明のときは寄託者に対して，その滅失の通知を発した日から起算される（同条2項）。ただし，以上の規定は，倉庫営業者が悪意であるときには適用されない（同条3項）。

倉庫営業者は，特に無償寄託の引受をした場合を除き，相当の保管料を請求できる（512条・618条本文）。倉庫営業者は，受寄物出庫の時でなければ保管料および立替金その他受寄物に関する費用の支払いを請求することができないが，受寄物の一部出庫の場合においては，その割合に応じて支払いを請求することができる（618条但書）。

売主による目的物の供託および競売（524条1・2項，Ⅱ-3-2参照）の規定は，寄託者または預証券の所持人が寄託物を受取ることを拒み，または受取ることができない場合に準用される。この場合においては，質入証券の所持人の権利は競売代金の上に存在し（624条1項），競売代金中からの支払い（611条）および競売代金不足の場合の処置（612条）の各規定が準用される（624条2項）。

Ⅲ

手形・小切手法

- ☐ Ⅲ-1　有価証券
- ☐ Ⅲ-2　手形行為
- ☐ Ⅲ-3　手形の記載事項
- ☐ Ⅲ-4　白地手形
- ☐ Ⅲ-5　他人による手形行為
- ☐ Ⅲ-6　裏　　書
- ☐ Ⅲ-7　手形抗弁
- ☐ Ⅲ-8　約束手形の支払
- ☐ Ⅲ-9　手形保証
- ☐ Ⅲ-10　為替手形
- ☐ Ⅲ-11　小　切　手
- ☐ Ⅲ-12　手形・小切手訴訟

III-1 有価証券

III-1-1 意　義

有価証券とは，財産的価値ある私権を表章する証券であって，権利の移転または行使に証券を必要とするものをいう。約束手形・為替手形・小切手は，いずれも有価証券である（巻末資料13-15参照）。手形は証券上の権利の移転または行使のみならず，その発生も証券によってなされる有価証券であり，このような証券を完全有価証券という。約束手形とは，振出人が受取人または所持人に対して，一定の金額を一定の期日に支払うことを約束する旨の文言を記載した証券である。為替手形とは，振出人が支払人に，受取人（その他の証券の正当な所持人）に対し満期に一定の金額を支払うことを委託する証券をいう（III-10参照）。これに対して，小切手とは，振出人が支払人（銀行）に宛てた，所持人に対して一定金額の支払を委託する旨の文言を記載した証券であり，現金の代用物であるといえる（III-11参照）。

III-1-2 手形・小切手の利用

手形・小切手に共通の機能は，支払手段，すなわち，現金の受渡に伴う煩雑さや危険を回避する点にある。さらに手形には，代金の延べ払いのための機能がある（商業信用）。貸付にあたって借用証書をとるのが証書貸付である。これに対して，借主に約束手形を振り出させるのが手形貸付である。約束手形を受け取った場合，支払決済に用いられる。具体的には，支払期日（III-8-1参照）まで保有

して手形金額を取り立てるか,他者に対する支払に充てるか,あるいは,銀行に割引いてもらい直ちに手形金額に相当する金額を入手することになる。この手形割引の法的性質は,手形の売買であると解される。そして,支払期日が到来すると,割引銀行は割引手形を取り立てて資金を回収し決済する。もし,割引手形が不渡りとなった場合は(Ⅲ-8-4参照),銀行取引約定書の規定に基いて,割引依頼人に対する買戻請求権を行使して,手形金額の回収を図る。

手形・小切手の受取人(所持人)は,自己の取引銀行の口座に入金し,銀行に取立の委任をする。受入れ手形・小切手の支払場所が他の金融機関である場合には,手形交換所(Ⅲ-8-4参照)を通じて右金融機関から手形金を取り立てることになる。

Ⅲ-1-3　当座勘定取引契約

手形・小切手を振り出そうとする者は,自分の取引銀行にそのための口座(当座預金口座)を開設することが必要である。その際に,顧客と銀行との間に当座勘定取引契約が結ばれる。当座預金勘定契約は,あくまで預金者と銀行との間に成立する契約であって,当事者間においてのみその効力を生じる。したがって,特段の約定の存しない限り,第三者たる小切手所持人のためにする趣旨は含まれない(大判昭6・7・20民集10・561)。

手形・小切手の振出(Ⅲ-2-1参照)は,①銀行に当座預金口座を開設している者が,②銀行から交付されている,統一手形用紙・統一小切手用紙を使用し,③用紙上の空欄に記入したうえで,④振出人が自己の署名または記名捺印をすることによって行われる。なお,手形には印紙税法に従って手形金額に相当する金額の収入印紙を貼付するが,その有無は手形自体の有効・無効とは無関係である。

Ⅲ-1-4　信用純化の制度

　第一に，統一手形用紙および統一小切手用紙の制度を採用し，第二に，手形交換制度（Ⅲ-8-4参照）により，手形・小切手の簡易かつ円滑な取立を可能にするとともに，第三に，不渡手形を出した者は銀行との当座取引ができなくなってしまうとすることによって，手形・小切手の信用力が強化されている。なお，全国銀行協会連合会の定める統一手形用紙によらずに，振り出された約束手形も，無効ではない。ただし，私製手形には，手形法が規定する効力が認められない場合もある（手形訴訟についてⅢ-12参照）。

【電子記録債権法では‥①】
電子記録債権法の概要
　手形については券面の作成・保管・運搬のためのコストや盗難・紛失のリスクがある。また，指名債権の譲渡については，債権の存在を確認するためのコストや二重譲渡のリスクが存在する（Ⅲ-7-1参照）。手形や指名債権の譲渡が持つこうした様々なコストやリスクを排除する点に，「電子記録債権」（いわゆる「電子手形」）のメリットがある。電子記録債権を利用する場合，手形のような文書とは異なり，印紙税もかからない。このような電子記録債権とその関連事項を規律するルールが，「電子記録債権法」である（電子記録債権の基本的イメージについて巻末資料16参照）。従来から存在する指名債権，手形債権と今回新しく創設された電子記録債権との比較については，巻末資料17を参照。

【電子記録債権法では‥②】
電子債権記録機関
　電子債権記録機関とは，主務大臣の指定を受けた株式会社であり

（電子記録債権法2条2項・51条1項），同法および業務規程の定めるところによって，電子記録債権に係る電子記録に関する業務を行う（同法56条）。指定を受けた電子債権記録機関が記録原簿に電子記録を行うことで，電子記録債権の発生等の効力が生じる（巻末資料16参照）。

このように電子債権記録機関は，同法および業務規程を通じて利用者の取引を規律することになる。ここに「業務規程」とは，「定款および電子債権記録業の実施に関する規程」と定義され，「法令に適合し，かつ，この法律の定めるところにより電子債権記録業を適正かつ確実に遂行するために十分であると認められること」が要求されており（51条1項5号），また，業務規程の変更においても，主務大臣の認可がなければ効力を生じないとすることで（70条），主務大臣の監督を通じた適切な業務規程が維持されるように図られている。

電子債権記録機関は，電子記録債権制度の中核を担う存在であり，適切な情報管理体制，ガバナンス体制等が整備されることが不可欠である。そこで，電子債権記録機関は，取締役会，監査役会または委員会，会計監査人という機関を全て設置する株式会社であること（51条1項1号），その人的構成に照らし，電子債権記録業を適正かつ確実に遂行することができる知識および経験を有し，かつ，十分な社会的信用を有すると認められること（51条1項7号）が要求されている。

さらに，電子債権記録機関は，特定の者に対し不当な差別的取扱いをすることが禁じられるうえに（61条），電子債権記録機関の取締役らは電子債権記録業に関して知り得た秘密を漏らしてはならない（55条）。この秘密保持義務に違反すると，罰則の適用がある（96条）。

Ⅲ-1-5　手形・小切手関係と実質関係（原因関係）

　手形・小切手関係の外に存在する実質的な法律関係で，手形・小切手関係と密接な関係にあるものを，手形・小切手の実質関係という。原因関係とは，手形・小切手行為の目的（原因）となっている実質関係をさす。例えば，借入金債務の返済や，商品代金債務の支払，手形割引，手形貸付などである。

　手形関係は，原因関係から分離している。このように，手形・小切手上の権利が原因関係の影響を受けないという性質を無因証券性という（反対概念が，有因証券性である）。この無因性の実定法上の根拠は，手形・小切手の支払委託・支払約束の単純性に求められる（手形法1条2号・75条2号，小切手法1条2号，Ⅲ-3-1参照）。このような手形・小切手の無因性によれば，原因関係が無効，不存在，消滅の場合でも，手形債権は有効に成立することになる。しかし，かかる論理を貫くと，実質的価値判断の観点から，不当な結果を生ずる場合があり得る。すなわち，原因関係が無効なら，手形債務者は手形の支払を拒んでよいと解すべき場合も考えられる。そこで，手形債務者は，原因関係に基づく抗弁（人的抗弁）をもって，悪意の所持人には対抗することができると規定されている（手形法17条但書，Ⅲ-7参照）。

Ⅲ-1-6　手形・小切手関係が原因関係に及ぼす影響

　手形・小切手上の権利は手形・小切手の作成により初めて発生するという性質を，設権証券性という。約束手形の振出により，原因関係である既存債権とは別個の手形債権が発生する。では，手形振出により既存債権は消滅するのか，それとも，既存債権と共に手形

債権が並存するのかが問題となる。次の2通りに分けて考えられる。まず，①「支払に代えて」手形が授受された場合には（代物弁済），これにより既存債権が消滅するが（民法482条），②「支払の確保のために」（広義の「支払のために」）手形が授受された場合には，既存債権は消滅しないことになる。すなわち，債権者の既存債権の行使に対して，債務者は，特段の事由がない限り，既存債務の支払は手形の返還と引換えにする旨の同時履行の抗弁を主張できる（最判昭35・7・8民集14・9・1720）。上記①か②かの判定基準は，当事者の意思による。当事者の意思が明確でない場合は，②と推定される（大判大7・10・29民録24・2079）。なぜなら，交付された手形によって必ずしも支払を受けられるとは限らないので，手形の授受により直ちに既存債権が消滅してしまうと，債権者に不利だからである。

では，手形債権と既存債権（原因債権）が並存するとして，どちらを先に行使すべきか。次の2通りが考えられる。まず，①「支払のために」（狭義の「支払のために」）手形が授受される場合は，手形債権を先に行使し，②「担保のために」手形が授受される場合は，いずれを先に行使するかは債権者の自由である。上記①か②かの判定基準は，やはり当事者の意思による。そして，当事者の意思が明白でない場合は，原因債権の債務者が同時に手形上も唯一の債務者であるなら，②「担保のために」と解釈し，それ以外の場合は，①「支払のために」と解釈すべきである（最判昭23・10・4民集2・11・376）。なぜなら，原因債権の債務者が同時に手形上も唯一の債務者であるなら，いずれの債権を先に行使されても，債務者に不都合がないからである。したがって，たとえ原因債権の債務者が同時に手形上も唯一の債務者であっても，第三者（銀行）が支払担当者として記載されている場合には，②「担保のために」ではなく，①「支払のために」となる。

【電子記録債権法では‥③】
電子記録債権と原因債権との関係

　電子記録債権法は，電子記録の効力として，「電子記録債権の内容は，債権記録（著者注：2条4項）の記録により定まる」（9条1項）と規定するのみであり，原因債権が有効に発生していることは電子記録債権の発生・譲渡が有効であるための条件とされておらず，電子記録債権は原因債権とは別個・独立に発生する債権と解される。したがって，原因関係が取り消されたり解除されたりしても，電子記録債権の発生・譲渡に影響を与えない。原因関係における瑕疵は，当事者間の人的抗弁になるにすぎない。

　電子記録債権の発生・譲渡により，原因債権が消滅するかどうかは，当事者の意思により定まり（同法には，この点の規定はない），原因債権と電子記録債権のどちらの債権を先に行使すべきであるかという点も，やはり，当事者の意思により定まると解される（同法には，この点の規定もない）。当事者の意思が不明である場合は，現実に支払がされなければ債権者の金銭的満足が得られないことから，電子記録債権は原因債権の「支払のために」発生されたものであり，また，口座間送金決済契約（16条2項1号・62条1項）が締結されているような場合には，債務者の通常の期待を考慮して，電子記録債権を先に行使すべきと解される。

III-2　手形行為

III-2-1　意　義

　要式証券性（手形法1・75条，小切手法1条）とは，手形・小切手は記載すべき事項が法定されているという性質をいう（手形の記載事項について，III-3参照）。手形行為は，署名を要件とする要式の書面行為であり，手形上の債務の負担を生ずる法律行為である。約束手形や小切手の振出や裏書は，いずれも手形行為である。振出とは，振出人が手形要件その他を記載して署名し，受取人に交付する行為であり，手形関係の基点となる手形を創出する手形行為であるから，基本的手形行為と呼ばれる。その他の手形行為，例えば，裏書（III-6参照）は，振出を前提として行われるので，付属的手形行為と呼ばれる。

　手形の共同振出行為は振出人全員のために商行為であり，共同振出人はその手形につき連帯債務を負担するとされる（大判大5・12・6民録22・2374）。しかし，組合の代表者がその権限に基づいて組合長理事名義で約束手形を振り出した場合は，右組合の組合員は，手形上，各組合員の氏名が表示された場合と同様に，当該手形について共同振出人として合同してその責任を負うことになると判示された（最判昭36・7・31民集15・7・1982）。合同責任説からは，たとえ共同振出人の一人のために消滅時効が完成しても（III-8-7参照），他の振出人は右時効を援用できないことになるうえ（東京地判昭38・1・31下民14・1・143），また，共同振出人の一人は，他の共同振出人の反対債権をもって相殺を主張することもできないことになる（東京地判昭40・11・11下民16・11・1685）。

【電子記録債権法では‥④】
電子記録債権の発生

　電子記録債権とは，その発生または譲渡について電子記録債権法の規定による電子記録を要件とする金銭債権である（2条1項）。そして，電子記録債権は，発生記録をすることによって生ずるのが原則であり（15条），「電子記録は，法令に別段の定めがある場合を除き，当事者の請求……がなければ，することができない」とされている（4条1項）。すなわち，電子記録債権の発生や譲渡の場面における，実体上の権利関係と債権記録上の記録とが一致するように制度設計されている。

　電子記録の請求の当事者は，電子記録権利者と電子記録義務者である。電子記録権利者とは，電子記録をすることにより，電子記録上，直接に利益を受ける者をいう（2条7項）。他方，電子記録義務者とは，電子記録をすることにより，電子記録上，直接に不利益を受ける者をいう（2条8項）。そのうえで，「電子記録の請求は，法令に別段の定めがある場合を除き，電子記録権利者および電子記録義務者……双方がしなければならない」とされている（5条1項）。すなわち，債権者の全く関知しないままに電子記録債権の債権者となってしまう事態は好ましくないとして，「双方」と規定されたのである。

　なお，電子記録債権を発生させることは，絶対的商行為にいう「手形その他の商業証券に関する行為」（商法501条4号，Ⅰ-1-3(1)参照）には該当しない。電子記録債権に関する取引が「商行為」にあたるかどうかは，「附属的商行為」（同法503条，Ⅰ-1-3(3)参照）に該当するか否かによって決まる。

Ⅲ-2-2　方　　式

　署名とは，自署のほかに，記名捺印を含む（手形法 82 条・小切手法 67 条）。記名捺印とは，行為者の名称を表示したうえで（記名），その者の印章を押捺することをいう。記名捺印は，本人によっても他人によってもなされ得る。代理権限や代行権限を与えられた者が，本人に代わって記名捺印を行う場合を，機関方式の手形行為と呼ぶ（Ⅲ-5-1 参照）。

　支払銀行は，手形上になされた顧客の記名捺印と届出印鑑とを照合し同一性を確認したうえで支払うと，当座勘定取引契約上，免責される。なお，届出印鑑以外の印章を用いて約束手形が振出された場合，その手形自体は無効ではないが，支払銀行は通常は支払を拒絶すべきであり，例外的に振出人の意思を確認したうえで支払ったときに限り免責されるにすぎないと解される（Ⅲ-8-4 参照）。

　会社その他の法人が手形行為をするには，法人の表示，代表機関の表示（法人のためにする旨が認められるような記載があれば足りる），代表者の署名または記名捺印が必要である。この点，手形上の表示から，その手形の振出が法人のためにされたか，代表者個人のためにされたか判定し難い場合でも，手形の文言証券（Ⅲ-2-3 参照）たる性質上，そのいずれであるかを手形外の証拠によって決することは許されず，その場合には，手形取引の安全を保護するために，手形所持人は，法人および代表者個人のいずれに対しても手形金の請求をすることができる。したがって，例えば「合資会社安心荘　斉藤シズエ」のような記載における振出人名義は，法人とも個人とも解され，手形所持人はそのいずれに対しても請求ができる。もっとも，請求を受けた者は，その振出がいずれの趣旨でなされたかを知っている相手方に対しては，人的抗弁（Ⅲ-7 参照）を主張し得る

(最判昭 47・2・10 民集 26・1・17)。

III-2-3　特　色

　手形行為は，一般の法律行為とは異なる以下のような特色を有している。第一に，手形行為は，手形という書面に記載されることによってのみ成立する（書面性）。第二に，法定の記載事項（III-3-1 参照）のいずれかを欠く手形行為は，原則として，無効である（手形法1条・75条，要式性）。

　第三に，手形行為の内容は，たとえ手形外の実体関係と異なっていても，もっぱら手形証券上の記載内容によって定まり，手形行為者は記載どおりの債務を負担する（文言性）。かかる手形の文言証券性から，以下の2つの解釈原則が導かれる。一つ目は，外観解釈の原則であり，手形行為が要件を充足しているか否かの評価は，手形上の記載により定まるとの原則である（手形に記載された事項が事実に合致するかどうかにかかわらない）。二つ目は，客観解釈の原則であり，手形上の記載の意味内容の解釈にあたっては，手形外に存する事実，証拠によって記載内容を変更，補充してはならないとの原則である（もっぱら手形上の記載（文言）のみによって解釈しなければならない）（大判明 38・2・23 民録 11・259，大判大 15・12・16 民集 5・846）。手形上の記載の客観的な解釈とは，一般取引観念・社会慣習にしたがって合理的に確定するとの意味である。そして，社会通念上合理的に解釈可能なら，できる限り有効に解釈して，手形を無効にすることを避けるべきである（手形有効解釈の原則）。なお，手形の記載外の合意は，直接当事者間においても手形外の抗弁事由（III-7 参照）となるにとどまる。

　第四に，手形関係と原因関係とは無因の関係にある（無因性）。

例えば、売買代金の支払いとして約束手形を振り出した場合、売買契約自体が錯誤無効（民法95条）であっても、手形の振出までが無効となるわけではない。反対概念は有因であり、民法上の債権譲渡がこれにあたる。

第五に、独立性である。すなわち、一通の手形の上になされるいくつかの手形行為の間には、まず振出がなされ、それを前提にして裏書等がなされるというように、前後関係が存している。そうすると、先行する手形行為の有効性は、後続する手形行為の効力に本来、影響を及ぼすものと考えられる。しかし、手形流通の促進のためには、取得者がすべての手形行為の実質的有効性に関して調査することを不要として、有効性の外観に対し信頼できるものとすべきである。なぜなら、もし、「この手形は実質的に有効である（例えば、無能力者が振出した手形ではない等）」ということを、いちいち確認しなければならないとしてしまうと、手形の取得を躊躇させ手形流通の円滑化を阻害する結果となってしまうからである。そこで、手形法上、形式的に有効な手形上になされた、それぞれの手形行為の効力は、他の手形行為が実質的に有効か否かにかかわりなく、独立したものであるとされている（手形法7条・77条2項）。これを、手形行為独立の原則という。手形の振出行為が形式的要件を欠いて無効であれば、手形行為独立の原則の適用はない（大阪高判昭28・3・23高民6・2・78）。形式的瑕疵は手形面上から明らかであるので、手形行為独立の原則を適用する必要がないからである。なお、手形行為独立の原則は、手形取得者の善意・悪意を問わずに適用される（最判昭33・3・20民集12・4・583）。

Ⅲ-2-4　民法の規定との関係

　手形行為は法律行為であるから，意思表示によって構成されている。よって，手形行為が有効に成立するためには，その要素である意思表示が有効に成立していなければならない。そのためには，次に述べるように，(1) 手形行為者が手形能力を有し，かつ，(2) 当該意思表示について意思の欠欠または瑕疵がないことが必要である。例えば，裏書人の意思無能力を理由として当該裏書が無効とされる場合，右無効は物的抗弁（Ⅲ-7-2参照）として，何人に対しても主張できると判示された（東京地判平10・3・19金法1531・69）。

(1) 手形能力
　手形能力には，①手形権利能力と②手形行為能力とがある。①手形権利能力とは，手形上の権利義務の主体となりうる能力を意味する。民法により権利能力を有する者は，すべて①手形権利能力を有する。また，②手形行為能力についても，民法に従う。

①手形権利能力について

　法人の行為がその法人の目的の範囲に属するかどうかは，当該行為が法人としての活動上必要な行為であり得るかどうかを客観的・抽象的に観察して判断される。したがって，法人のした手形行為については，その原因関係を含めることなく，手形行為自体を基準として判断される。そして，農業協同組合は，その活動のために現に金銭取引を営んでいる以上，その手段たる手形行為をすることも，その目的の範囲内に属するといえる（最判昭44・4・3民集23・4・737）。このように，手形行為とその原因関係とは区別して考えなければならない。よって，たとえ手形行為の原因関係が法人の目的の範囲外であっても，手形行為自体は抽象的手段的行為であるから，

その効力に影響を及ぼさない。この場合は，直接の取引当事者間において，原因関係から生ずる人的抗弁が存在するにすぎないことになる（大阪高判昭29・10・15高民7・10・795）。

②手形行為能力について

振出人は，約束手形の振出によって一定の金額を支払うべき債務を負担するから，金銭の消費貸借と異なるところはなく，民法13条1項2号にいう「借財」に該当するので取り消し得るとされ（大判明39・5・17民録12・837），また，取消しの意思表示は，民法123条の規定に従ってその確定した相手方，すなわち，振出人から手形の交付を受けた最初の取得者に対してなすべきであり，右手形の所持人に対してなすべきではないと判示された（大判大11・9・29民集1・564）。

(2) 意思表示に関する民法の規定との関係

約束手形が支払のために作成された後，交付に備えて保管中に盗取された場合（交付欠缺），振出人（署名者）は手形債務を負うのであろうか。この点につき判例は，流通におく意思で，約束手形に振出人としての署名または記名押印をした者は，連続した裏書のある右手形の所持人（Ⅲ-6-3, 4参照）に対して，この所持人が悪意または重大な過失によってこれを取得したことを主張・立証しない限り，振出人としての手形債務を負うことになると判示している（最判昭46・11・16民集25・8・1173）。

手形行為も法律行為である以上，民法の意思表示に関する一般原則が，そのまま適用されるとも思える。しかし，民法の一般原則をそのまま適用すると，善意の手形取得者の保護の面で不適当であり，手形流通の促進に反する。そこで，民法の諸規定はどこまで手形行為に適用されるべきかが問題となる。この点，最高裁判所判例の考

え方は，以下の通りである。

①錯誤について

民法95条本文は，「意思表示は，法律行為の要素に錯誤があったときは，無効とする」と規定している。そして，手形の振出行為に要素の錯誤があるというのは，その振出行為の縁由に錯誤のある場合をいうものではなく，手形の振出行為の主要な内容自体に錯誤の存する場合を指す。したがって，たとえ手形の振出と引換えに旧手形が返却されるものと誤信したとしても，それは単に手形振出しの縁由に関して錯誤があったにすぎず，要素の錯誤とはいえないとされる（最判昭29・11・18民集8・11・2052）。

また，手形の裏書（Ⅲ-6参照）は，裏書人が手形であることを認識してその裏書人欄に署名または記名捺印した以上は，裏書として有効に成立する。よって，裏書人は，たとえ錯誤によって手形債務負担の具体的意思がなかった場合でも，手形の記載内容に応じた償還義務の負担を免れない。しかし，債務負担の意思がないことを知って取得した悪意の取得者に対しては，人的抗弁（Ⅲ-7-2参照）として償還義務を免れることができる。以上につき，例えば，裏書人が金額1500万円の手形を金額150万円の手形と誤信して裏書をしたような場合，当該裏書人の錯誤は150万円を超える部分についてのみ存在し，150万円の部分について錯誤は存在しなかったと解する余地がある。そうだとすれば，右裏書人が悪意の取得者に対する関係で錯誤を理由に償還義務の履行を拒むことができるのは，特段の事情がない限り，150万円を超える部分に限られると判示された（最判昭54・9・6民集33・5・630）。

②詐欺について

民法96条1項は，詐欺による意思表示は取り消すことができることを，そして同条3項は，詐欺による意思表示の取消しは善意の

第三者に対抗できないことを，それぞれ規定している。こうした詐欺がある場合でも，手形に振出人として署名し，これを任意に受取人に交付した以上は，手形の振出行為は成立する。たとえ手形を詐取されたものだとしても，善意の手形取得者に対しては手形上の義務を免れず，悪意の手形取得者に対する人的抗弁事由（Ⅲ-7-2参照）となるにとどまる（最判昭25・2・10民集4・2・23）。すなわち，例えば，Aが手形に振出人として署名し，任意にBへ交付した以上，手形の振出行為は有効に成立しているのであり，たとえ，「見せ手形」として使いたいからしばらく手形を貸してもらいたいというBの言葉を，Aが信じて手形を詐取されたものだとしても，かかる事情は悪意の手形取得者に対する人的抗弁事由となるにとどまり，善意の手形取得者に対しては手形上の義務を免れないという結論になる。

③強迫について

民法96条1項は，強迫による意思表示は取り消すことができると規定している。そして，強迫による手形行為取消しの抗弁は，手形法上，人的抗弁（Ⅲ-7-2参照）として，善意の手形所持人には対抗できない（最判昭26・10・19民集5・11・612）。

【電子記録債権法では‥⑤】
電子記録債権と意思表示上の瑕疵に関する特則

　電子記録債権法12条1項は，電子記録の請求における相手方に対する意思表示についての民法93条但書（心裡留保）もしくは95条（錯誤）の規定による無効，または同法96条1項もしくは2項の規定（詐欺または強迫）による取消しは，善意でかつ重大な過失がない第三者（96条1項および2項の規定による取消しの場合は取消し後の第三者に限る）に対抗することができないと規定している。

これは，民法の適用を原則としつつも，民法上第三者保護規定がない場合について第三者保護を厚くすることで電子記録債権の流通強化を図っているものである。しかし，かかる 12 条 1 項の規定を適用しない場合として，同条 2 項は以下の 2 つを挙げる。

第一に，同条同項 1 号は，支払期日以後に譲渡等がなされた場合に，同条 1 項の第三者保護規定の不適用を定めている。これは，支払期日以後は，流通保護の強化の要請が後退するからに他ならない（期限後裏書について，Ⅲ-6-5（3）参照）。第二に，同条 2 項 2 号は，意思表示の無効または取消しを対抗しようとする者が個人（個人事業者を除く）の場合にも，同条 1 項の不適用を定める。電子記録債権法が，「個人」について消費者契約法上の「消費者」と一致させているのは，消費者契約法の適用される消費者契約を原因として発生した電子記録債権についても，原因債権と同様の「消費者」としての保護が受けられるように確保するためである。かかる同条 2 項 2 号は，明らかに，「善意者保護」よりも「消費者保護」を優先する趣旨の規定である。

III-3　手形の記載事項

III-3-1　必要的記載事項

　必要的記載事項（手形要件）とは，手形上に記載すべき法定の要件であり，その記載を欠くと，手形が原則として無効となる事項をいう（手形法75条・76条1項。巻末資料13参照）。ただし，重要度の低い事項については，それが欠けるとき，他の記載による補充を認めて，救済している（手形法76条2項・3項・4項）。手形要件の記載は，必ずしも常にその記載欄になされなくともよい（支払地について，最判昭37・2・20民集16・2・341）。

　約束手形の必要的記載事項には，第一に，約束手形文句（75条1号。巻末資料13①），第二に，一定の金額（同条2号前段。巻末資料13②）がある。手形金額の記載は一定していなければならず，文字と数字により重複記載された場合は，文字が優先する（6条1項）。この規定は，手形取引の安全性・迅速性を確保するために設けられた強行法規である（最判昭61・7・10民集40・5・925）。文字による記載の方が慎重になされ，変造を困難にするので，これを優先する趣旨である。もし，金額に差異がある場合は，最小金額が優先することになる（同条2項）。

　第三に，単純なる支払約束文句がある（75条2号後段。巻末資料13③）。ここに「単純なる」とは，支払約束の効力を手形外の事実にかからしめないことをさす。この単純性に反するような支払約束，例えば「売買目的物を受領した時に支払う」という記載は，約束手形の振出自体を無効とする。

第四に、満期の表示（1条4号・75条3号。巻末資料13④）がある。満期とは、手形金額が支払われるべき日として手形上に記載された日をいう。満期の種類は、手形法33条1項に規定される以下の（ⅰ）から（ⅳ）の4つに限定され、それ以外の満期や分割払の手形は無効である（33条2項）。（ⅰ）確定日払は、特定の日を満期にする手形であり、最も一般的である。なお、平年において満期日として2月29日と記載された手形は、同年2月末日の満期日の記載があると解釈される（最判昭44・3・4民集23・3・586）。（ⅱ）日付後定期払は、振出日付から、手形上に記載された一定期間を経過した日を満期とする。満期日が計算できるため、実質的には確定日払と異ならない。（ⅲ）一覧払は、手形所持人が支払請求のために（Ⅲ-8-1参照）手形を呈示した日（一覧の日）が満期となる。満期の記載なき約束手形は一覧払手形とみなされる（76条2項）。（ⅳ）一覧後定期払は、一覧のために手形の呈示がなされた後、手形上に記載された期間を経過した日を満期とするものである。

第五に、支払地（1条5号・75条4号。巻末資料13⑤）の記載であるが、これは満期において手形金額が支払われるべき地をさし、最小独立行政区画（市・町・村・特別区）を記載することになる。支払地の表示は、手形面上の記載により最小行政区画たる地域を推知するに足りるものでよい（大連判大15・5・22民集5・426）。第三者方払いの記載も認められる（手形法4条、小切手法8条）。支払場所の記載は、その記載自体から一定の場所を推知せしめるに足りるときは、有効である（大判昭7・4・30新聞3408・8）。そして、銀行店舗が支払場所として記載されている場合、同銀行を支払場所として定めると同時に、手形金の支払をも担当させることを定めたものと解すべきである（大判昭13・12・19民集17・2670）。

第六に、受取人（1条6号・75条5号。巻末資料13⑥）である。受

取人とは，手形の支払を受け，または支払を受ける者を指図する者として，手形上に記載される者をいう。振出人が自己を受取人とする手形は無効である。なお，手形要件としての受取人欄には，受取人が法人の場合，法人の名称とともに，その代表者名が記載されなければならないわけではない（大判明 38・2・23 民録 11・259）。

　第七に，振出日（1 条 7 号・75 条 6 号前段。巻末資料 13 ⑦）とは，手形上に手形が振り出された日として記載されている日をいい，実際に振り出された日とは異なる。実際の振出日と手形上の振出日が一致しない場合，手形上の記載によって要件具備の有無を判定すべきである（大判昭 3・2・6 民集 7・45）。暦にない日が振出日として約束手形に記載されている場合，その手形は無効である（大判昭 6・5・22 民集 10・262）。また，振出日より前の日が満期日として記載されている確定日払の約束手形も，無効である（最判平 9・2・27 民集 51・2・686）。上記（ii）日付後定期払手形の場合，振出日の記載により，満期が確定し，上記（iii）一覧払手形（34 条）および上記（iv）一覧後定期払手形（23 条）については，振出日の記載により，支払呈示期間（その日より 1 年以内）が決まることになる。なお，上記（i）確定日払手形においても，振出日の記載は手形要件である。

　第八に，振出地（75 条 6 号後段。巻末資料 13 ⑧）であるが，支払地と同様に，最小独立行政区画（市・町・村・特別区）を記載する（大判明 34・10・24 民録 7・9・124）。

　そして，第九に，振出人の署名（75 条 7 号。巻末資料 13 ⑨）であり，自らの意思に基づいて，自署または記名捺印することになる。拇印は「捺印」には含まれず（大判昭 7・11・19 民集 11・2120），印章は印鑑届出の有無は問わない（大判昭 8・9・15 民集 12・2168）。なお，A 振出しの手形を受取人 B が所持している場合に，C もこれに振

出署名したときは，Cは，改めてBに対する交付行為をしなくとも，共同振出人として手形債務を負担すると判示された（最判昭39・4・21民集18・4・552，共同振出についてⅢ-2-1参照）。

【電子記録債権法では‥⑥】
電子記録債権における必要的記録事項

　発生記録（巻末資料16参照）における必要的記録事項（16条3項）は，同条1項1-6号に掲げられている。同条同項1号は，「債務者が一定の金額を支払う旨」の記録を要求する。これは，「……を支払う旨」という支払約束文句をも記録する必要があることとして，発生記録の請求に債務者の債務負担の意思表示が含まれることを明確にする趣旨のものである。さらに，同条同項2号は，「支払期日」の記録を要求するが，「確定日に限るものとし，分割払の方法により債務を支払う場合にあっては，各支払期日とする」という制限がある。他にも，「債権者の氏名又は名称及び住所」（3号），「債権者が2人以上ある場合において，その債権が不可分債権であるときはその旨，可分債権であるときは債権者ごとの債権の金額」（4号），「債務者の氏名又は名称及び住所」（5号），「債務者が2人以上ある場合において，その債務が不可分債務又は連帯債務であるときはその旨，可分債務であるときは債務者ごとの債務の金額」（6号）がある。

Ⅲ-3-2　有益的記載事項

　有益的記載事項とは，その記載があれば記載に従った法的効力が認められる事項をいう。例えば，一覧払または一覧後定期払の手形については，利息の約定を記載することができる（5条・77条2項）。さらに，裏書禁止文句（指図禁止文句）の記載があると（11条2項・77

条1項1号），この手形は指名債権譲渡の方式に従い，かつその効力をもってのみ譲渡ができるに過ぎない（Ⅲ-6-2参照）。

こうした裏書禁止文句の一例として，「甲殿に限り支払うものとする」という記載が挙げられる（最判昭56・10・1判時1027・118）。指図文句と指図禁止文句が併記されている手形の場合は，特段の事情がない限り，裏書禁止手形に当たる（最判昭53・4・24判時893・86）。なお，振出人が当該手形に関して合意裁判管轄地を手形表面に記載し，手形所持人が書面で承諾の意思表示をした場合，裁判管轄に関する書面上の合意が両者間に成立するという効果がみとめられる（大判大10・3・15民録27・434）。

【電子記録債権法では‥⑦】
電子記録債権における任意的記録事項

発生記録における任意的記録事項は，16条2項1-16号に規定されている。例えば，同条同項9号は，「債権者又は債務者が個人事業者であるときは，その旨」を記録できるとするが，債権者または債務者が個人事業者であるか否かで効果の異なる場合があるので（19条2項3号，20条2項1号・3号等），電子記録上でこの点を明らかにするために設けられた規定である。また，16条2項10号は，人的抗弁の切断の不適用に関する規定であり，債務者が「法人又は事業者」である場合にも，人的抗弁の切断の規定（20条1項）を排除したい場合には利用できる規定である。

電子記録債権においては，任意的記録事項（発生記録について16条2項，譲渡記録について18条2項）が広く認められている。このように電子記録債権法が，多様な任意的記録事項を認めている趣旨は，電子記録債権制度においては多様な金銭債権を電子記録債権として発生させることが可能となるように確保する点にある。この点において，法定事項の他に広く有益的記載事項を認めれば，手形の

記載内容および効力の不確定性が手形流通とその迅速な支払とを阻害してしまうであろうと危惧されていることとは，著しい相違をなしている。

Ⅲ-3-3　無益的記載事項

無益的記載事項とは，①その記載があっても手形が無効となるわけではないが，②当該記載の意味は認められない事項をいう。無益的記載事項は，①の点において，記載があると手形が無効となる有害的記載事項（Ⅲ-3-4参照）と区別され，また，②の点において，記載があるとそれに意味が認められる有益的記載事項（Ⅲ-3-2参照）と区別される。例えば，「手形と引換えにお支払いいたします」という引換文句は，法律上当然の受戻証券性により（39条1項，Ⅲ-8-2参照），記載がなくとも構わないのであり，無益的記載事項である。なお，支払遅延があった場合には，法定利息の他に手形金額の一定の割合の損害金を支払うという手形上の記載は，無効とされる（大連判大 14・5・20 民集 4・264）。

Ⅲ-3-4　有害的記載事項

有害的記載事項とは，この記載があると，当該記載自体が無効となるだけでなく，手形自体も無効となるもの（物的抗弁）をいう。この点で，記載のみが無意味とされる無益的記載事項（Ⅲ-3-3参照）とは異なる。例えば，分割払の記載，法定以外の満期の記載（33条2項，Ⅲ-3-1参照），支払を反対給付にかからしめる記載などがある。

III-4　白地手形

III-4-1　意　義

　必要的記載事項の記載を欠く手形は無効である。しかし，記載事項の一部を，振出の後に手形所持人に記載させるつもりで，記入しないでおくことが実際上あり，例えば，手形割引先が決定するまで，受取人欄を白地にしておくことがある。こうした手形を白地手形という。白地手形は，未完成な手形であるにもかかわらず，完成した有効な手形と，ほぼ同視して扱われる。白地手形の振出しが有効なことは，商慣習法上自明である（大判大 15・10・18 評論 16・商 158）。満期日を記載すべき場所を空白とした手形が，一覧払手形（III-3-1 参照）か白地手形であるかは，当事者の意思で決定される（大判大 15・10・18 評論 16・商 158）。

III-4-2　成立要件

　以下の 3 つの要件を全て充たすと，白地手形と認められる。一つでも欠くと，無効手形となる。第一に，白地手形行為者の署名があることである。この点，白地手形行為者の債務負担が意思に基づくものであることは，通常の手形と何ら変わらない。第二に，全部または一部のいずれかの手形要件が白地であることである。そして，第三に，白地補充権の授与があることである。すなわち，白地手形発行者が，後にその白地を手形所持人に補充させるつもりでいたことを意味する。この要件は，白地手形と無効手形とを区別する決定的な

基準である。白地補充権は，手形に追随して転々し，手形を取得した者が同時にこれを取得する（大判大 10・10・1 民録 27・1686）。

III-4-3　白地手形の譲渡と権利行使

　白地手形は裏書によって譲渡することができ，また，人的抗弁の制限（17 条）による保護も認められる。例えば，受取人の記載のない白地手形が単なる引渡しによって譲渡された場合にも，17 条の適用がある（最判昭 34・8・18 民集 13・10・1275）。

　しかしながら，白地未補充では，振出人に対して手形金請求できない。例えば，振出日欄白地で振り出された約束手形については，たとえ確定日払の手形であっても，右白地を補充しないまま支払呈示期間内に支払呈示をしたときは，裏書人に対する遡求権は保全されない（最判昭 41・10・13 民集 20・8・1632，III-8-6 参照）。なお，振出日白地の確定日払手形の取立委任を受けた銀行には，白地を補充する義務はない（最判昭 55・10・14 判時 985・119）。

　しかし，白地手形による訴え提起であっても，時効中断の効力（民法 147 条 1 号）は認められる。すなわち，手形上の権利の消滅時効期間は満期から 3 年であるところ（70 条 1 項・77 条 8 号），白地手形による手形金請求の訴えが提起され，3 年が経過した後，白地補充がされた場合でも，訴え提起の時点で時効中断効を認めてよい（最大判昭 41・11・2 民集 20・9・1674）。なぜなら，そもそも，消滅時効制度の目的は，権利の上に眠る者は保護しないという点にあり，とすれば，たとえ白地未補充であっても，訴え提起の時点で権利行使の意思は明らかとなったといえるからである。もっとも，白地手形の所持人が，振出人に対し，振出日欄白地のまま手形金を請求する訴えを提起し，請求棄却の判決が確定した後，所持人が白地

部分を補充して，再度振出人に対し手形金を請求する訴えを提起した場合には，特段の事情がない限り，後訴で手形上の権利の存在を主張することは許されない（最判昭57・3・30民集36・3・501）。

Ⅲ-4-4　白地補充権の行使

満期の記載のある白地手形の場合，手形上の権利が消滅しない限りは（満期日から3年間），白地補充権の行使は可能である。満期およびその他の手形要件を白地として手形が振り出されたが，その後満期が補充された場合，右手形のその他の手形要件の白地補充権は，手形上の権利と別個独立に時効によって消滅せず，手形上の権利が消滅しない限りは，行使可能と判示された（最判平5・7・20民集47・7・4652）。

これに対して，満期が白地の手形の場合，白地補充権授与行為は本来の手形行為ではないが，「手形……に関する行為」（絶対的商行為。商法501条4号，Ⅰ-1-3（1）参照）に準ずるものとして，白地補充権の消滅時効については「商行為に因りて生じたる債権」（商法522条。現代語化後は「商行為によって生じた」）の規定が準用され，5年とされる（最判昭36・11・24民集15・10・2536）。なお，満期の記載のない白地手形の場合には，補充権の消滅時効そのものを論ずるべきではないとしたうえで，合意の範囲を逸脱してなされた補充の問題は，手形法10条（Ⅲ-4-5参照）によって解決すべきとした判示もある（東京高判平14・7・4判時1796・156）。

Ⅲ-4-5　白地補充権の濫用

上述した通り（Ⅲ-4-1参照），白地手形は，実際取引上の慣行に

基づいて認容されるに至ったものである。もっとも，白地手形はあくまでも未完成な手形であって，白地補充前には，法的にはただの紙切れにすぎず，手形として無効である。白地手形は，その補充があるまでは未完成手形にすぎず，それによって手形上の権利を行使することはできないのである（最判昭41・6・16民集20・5・1046）。このような前提の下，白地手形の流通保護を意図して制定されたのが，手形法10条であり，以下のように規定する。すなわち，未完成にて振り出した手形に，あらかじめなされた合意とは異なる補充がされた場合，この点につき所持人が悪意・重過失があるときを除いて，その違反を所持人に対抗することはできないとされる。10条は，悪意・重過失なく白地手形を取得した後に，あらかじめなされている合意と異なる補充を自ら行った所持人に対しても適用される（最判昭41・11・10民集20・9・1756）。

　手形を取得した者が合意に反して補充されたものであることを知りもしくは重過失によって知らないで取得したという事実，または，合意の内容を知りもしくは重過失でこれを知らないで手形を取得した者が合意に反する補充をしたという事実を，白地手形の振出人が主張・立証できないときは，当該不当補充による不利益は白地手形の振出人が負うこととなる（最判昭42・3・14民集21・2・349）。例えば，金額白地の白地手形の振出しにあたり，手形金額は10万円とするという補充権授与の合意があるにもかかわらず，受取人が100万円と補充して，第三者に譲渡したような場合である。この場合，振出人は，善意・無重過失の手形取得者に対して，右補充権濫用の人的抗弁を主張できない（手形法10条）。結局，振出人は善意・無重過失の第三者に対しては，100万円の手形債務を負うことになるのである。ただし，金額欄が白地の手形の場合，補充権の内容に関する問い合わせを振出人にすることを怠った第三者は，原則

として，重大な過失があると判断されよう。

　なお，金融を担当する者が決まった場合に会社の経理部長が空欄を補充するという合意をして，金額，受取人などを白地にした手形が第三者へ交付された場合，手形が転々流通する過程において右合意とは異なる補充がなされたとしても，10条の趣旨から，当該会社は右違約の点を悪意・重過失のない所持人には対抗できないと判示された（最判昭31・7・20民集10・8・1022）。また，白地補充権が時効にかかった後に白地の補充が行われた場合にも，10条が類推適用される（大阪地判平元・11・30判時1363・147）。

Ⅲ-5　他人による手形行為

Ⅲ-5-1　代理方式と機関方式

　手形行為は，他人によって行うこともできる。他人による手形行為には，①他人が手形上に本人のためにすることを記載して，自己の署名または記名捺印をする方式（代理方式）による場合と，②他人が自己の名を何ら手形上に表示せず，直接本人名義で署名または記名捺印をする方式（機関方式）による場合とがある。他人（B）がAのために手形行為をする例として，「A代理人B」や「A会社代表取締役B」という記載なら，①代理方式である。代理関係の表示としては，手形行為者が，行為者自身のためでなく，代理・代表により本人・法人のためになされると認められる記載があればよい。これに対して，「A」という記名捺印をBが行う場合は，②機関方式である。手形行為の有効な代理・代表のためには，行為をなす者が実際に，手形行為の代理権限・代表権限を有していなければならない。これらの権限がなければ無権代理・無権代表となる。

Ⅲ-5-2　無権代理と表見代理

（1）無権代理人の責任

　代理人として手形行為をした者が，実際には代理権を有していない場合が，無権代理である。無権代理行為によって，本人は原則として責任は負わないが（民法113条），本人が無権代理による手形行為を追認すれば（同法116条），例外的に本人が手形上の責任を負う。

かかる追認がなければ，表見代理の成立が認められる場合（最判昭36・12・12民集15・11・2756）を除いて，本人は手形上の責任を負わない。しかし，手形流通の促進のため，有効な代理行為によるものと信じて手形を取得した者を保護する必要がある。そこで，手形法8条1文は，無権代理人に対して，手形上の責任を負わせている。この点，実在しない法人の代表取締役名義で手形を振り出した者は，8条の類推適用によって，個人として手形上の責任を負うことになる一方で（最判昭38・11・19民集17・11・1401），実在する会社がその商号（Ⅰ-3参照）の変更および代表取締役の氏名の登記（Ⅰ-2参照）をしていない場合に，その代表取締役が変更後の商号でその会社の代表取締役として約束手形を振り出したときは，手形の取得者は，右会社に対して手形上の責任を問うべきであって，代表取締役が手形法8条の責任を負うものでないとされる（最判昭35・4・14民集14・5・833）。

(2) 本人の責任

代理人がその権限を踰越し署名代理の方法によって本人名義の手形を振り出した場合，その相手方が，本人によって真正に振り出された手形であると信ずるにつき正当の事由を有するときは，民法110条の類推適用によって，本人が責任を負うことになる（最判昭39・9・15民集18・7・1435）。表見代理の成立によって，本人が，無権限者の振り出した約束手形について振出人としての責任を負う場合には，受取人から当該手形の裏書譲渡を受けた者がたとえ悪意であっても，本人は振出人としての責任を免れない（最判昭52・12・9判時879・135）。手形所持人は，表見代理の成立を主張して本人の責任を問うことも，あるいは，これを主張せずに，無権代理人に対して手形法8条の責任を問うことも可能である（最判昭33・6・17

民集 12・10・1532)。

　常務取締役の名称の使用を許されている者が，代表権を有しないにもかかわらず代表取締役の名義で手形を振り出した場合，当該代表取締役が表見代表取締役（会社法 354 条）として直接自己の氏名を表示したときと同様に，会社はその責任を負う（最判昭 40・4・9 民集 19・3・632)。更生管財人が数人ある場合に，その 1 人が単独で為した手形行為についても，同法同条の類推適用が可能である（最判昭 46・2・23 民集 25・1・151)。

　手形振出行為が双方代理となる場合，当該行為の相手方に対しては右手形の振出の無効を主張できる。しかし，第三者に右手形が裏書譲渡されたときは，その第三者に対しては，右手形が双方代理によって振り出されたものであることにつき，当該第三者が悪意であったことを主張・立証しなければ，本人はその振出の無効を主張できない（最判昭 47・4・4 民集 26・3・373)。

　株式会社が，その取締役を受取人として約束手形を振り出す行為は，原則として利益相反取引（会社法 356 条）に該当する。よって，会社がその取締役に対して約束手形を振り出した場合，当該会社は，当該取締役に対しては，取締役会の承認を受けなかったことを理由として，その手形の振出の無効を主張することができる。しかし，当該手形が第三者に裏書譲渡されたときは，取締役会の承認を受けなかったことのほか，この点について当該第三者が悪意であったことを主張・立証するのでなければ，その第三者に対しては，振出の無効を主張できない（最大判昭 46・10・13 民集 25・7・900)。こうした利益相反取引にあたるかどうかに関して，ある合資会社の無限責任社員が，自らが代表取締役を務める会社が第三者に対して負っている債務を担保するために，合資会社の無限責任社員名義で為替手形を引き受け（Ⅲ-10 参照)，右第三者へ交付する行為が，利益相反

取引（会社法595条）に該当するとされた例がある（福岡高那覇支判平9・7・15判時1620・148）。

III-5-3　偽　　造

(1) 被偽造者の責任

手形の偽造とは，他人の手形署名を偽って手形行為をなし，あたかもその他人が手形行為をするかのごとき外観を作出することをいう。手形の被偽造者は，その者に重大な過失があったかどうか，また受取人が善意であったかどうかにかかわりなく，偽造手形によって何ら手形上の義務を負うものではない（最判昭27・10・21民集6・9・841）。もっとも，名義人が偽造の約束手形の振出を追認したときは，当該振出行為の効力は遡及的に右名義人に及ぶことになる（最判昭41・7・1判時459・74）。

機関方式の手形の偽造の場合には，被偽造者は表見代理の規定により手形債務を負う場合がある。これにより，偽造手形を善意で取得した者の保護が図られる。すなわち，本人から手形振出の権限を付与されていない他人が，機関方式によって手形を振り出した場合，第三者がこの他人に本人名義で手形を振り出す権限があると信ずるについて正当な理由があるときは，本人は当該他人が行った手形振出について，その責任を負う（最判昭43・12・24民集22・13・3382）。

なお，民法上の使用者責任の規定（同法715条）を根拠として，被偽造者の責任が認められた例として，以下のものがある。すなわち，会社の手形振出に関してその社印等を使用し，代表取締役がその名下に印章を押捺しさえすれば完成するばかりに手形を作成する職務権限を有していた経理課長が，代表取締役の印を盗み出して手形を偽造した場合（最判昭32・7・16民集11・7・1254）や，また，

手形事務を担当し，理事長の記名印・印鑑等を保管していた共同組合の書記が，権限がないにもかかわらず取引関係のない第三者に理事長名義の融通手形（Ⅲ-7-2参照）を独断で作成交付した場合（最判昭36・6・9民集15・6・1546）等がある。

(2) 偽造者の責任

　以上に論じた被偽造者の責任に対して，偽造者の責任については以下のように解すべきである。確かに，「署名なければ責任なし」という手形法上の原則がある。しかし，偽造者本人に何らの手形上の責任を負わせないのは，実質的価値判断として不当である。ところで，先にみたように（Ⅲ-5-2(1)参照），手形法8条は無権代理人に対して担保責任を負わせている。その趣旨は，あたかも自己が代理権を有するという虚偽の外観を作出したことに基づき，その外観を信頼した者を保護することにある。すなわち，手形法8条の責任は，「署名なければ責任なし」という意思表示に基づき手形債務を負担する場面とは異なり，手形法が善意の取得者を保護するために，当人の意思とは無関係に，政策的に無権代理人に課した責任である。

　こうした手形法8条の立法趣旨は，偽造の場合にもあてはまる。すなわち，偽造手形を振り出した者は，本条の類推適用によって手形上の責任を負うといえよう（最判昭49・6・28民集28・5・655）。なぜなら，無権代理の場合も，偽造の場合も，無権限者が他人の名義を冒用している点や，虚偽の外観を信頼した善意の取得者を保護するべき必要性が存在するという点で，共通するからである。そこで，手形法8条を類推適用して，手形を偽造した者は，担保責任を負うと解することができるのである。このように，手形法8条の趣旨は，善意の取得者保護という点にあるのだから，悪意の取得者に対して

は（類推）適用されないというべきである（最判昭55・9・5民集34・5・667）。

なお，銀行取引約定書10条4項によれば，銀行は，印鑑照合等につき相当の注意をもって取引した手形について，その偽造等により生じた損害の責任を負わないとされるが，この規定は，銀行が第三者との与信取引によって取得した取引先の振出名義の手形には適用されない（最判昭62・7・17民集41・5・1359）。

Ⅲ-5-4　変　　造

手形の変造とは，無権限者によって，手形の記載内容を付加・変更・削除することをいい，手形が変造された後に署名した者は，変造された現文言に従って手形上の責任を負い，変造前の署名者は，原文言に従って責任を負うことになる（手形法69条・77条1項7号）。

このように，振出人は原文言に従って責任を負うにとどまるため，支払期日が変造された場合，手形所持人は原文言を主張・立証したうえで，それに従い手形上の請求をするほかない（最判昭42・3・14民集21・2・349）。満期が変造された場合は，手形所持人の振出人に対する手形上の請求権の消滅時効は，変造前の満期から3年の経過によって成立する（最判昭55・11・27判時986・107）。

なお，前述のように，偽造者は，手形法8条の類推適用により手形上の責任を負う。そこで，偽造の場合に倣って，変造の場合にも，手形文言の変更権限者の名義の冒用があるとみて，手形法8条を類推適用すべきである。

【電子記録債権法では‥⑧】
変更記録の瑕疵

　電子記録債権の内容等の意思表示による変更については，電子記録債権法26条に規定がある。すなわち，「電子記録債権又はこれを目的とする質権の内容の意思表示による変更は，この法律に別段の定めがある場合を除き，変更記録をしなければ，その効力を生じない」と規定されている。かかる変更記録を請求するには，電子記録上の利害関係を有する者全員で行うのが原則である（29条1項，例外は同条2項の場合）。変更記録において記録すべき事項については，27条に規定されている。

　では，変更記録に瑕疵が存在する場合，いかにして処理されるのか。30条は，変更記録が無効な場合における電子記録債務者の責任について規定する。すなわち，同条1項本文は「変更記録がその請求の無効，取消しその他の事由により効力を有しない場合には，当該変更記録前に債務を負担した電子記録債務者は，当該変更記録前の債権記録の内容に従って責任を負う」と規定している。これは，変更記録前に既に債務を負担している者に対しては，当該変更記録に瑕疵があっても，その瑕疵ある記録に基づく責任を負わせるべきではないという価値判断に基づいている。これに対して，同条2項は，「前項本文に規定する場合には，当該変更記録後に債務を負担した電子記録債務者は，当該変更記録後の債権記録の内容に従って責任を負う」と規定している。これは，当該瑕疵ある変更記録を前提とした債務負担の意思表示をしている場合には，その通りに債務負担させても不当ではないという価値判断に基づいている。

　以上の取扱いは，手形法69条の規定と同様である。

新世社・出版案内　Dec.2013

経済学新刊

ライブラリ経済学コア・テキスト&最先端 12
コア・テキスト 国際金融論　第2版
藤井英次 著　　　　　　　　　　　　　　A5判／368頁　本体2,900円
国際金融論入門への決定版教科書として好評書の新版。2008年のリーマンショックに象徴される世界金融危機，2010年のギリシャ債務危機が発端の欧州ソブリン危機，2012年の英国LIBOR不正操作問題など，初版刊行以降の国際金融市場動向をとらえつつ改訂した。可能な限りデータを更新し，最新の国際収支統計の基準についても解説している。2色刷。

グラフィック［経済学］1
グラフィック 経済学　第2版
浅子和美・石黒順子 共著　　　　　　　　A5判／400頁　本体2,300円
本書は，主に日本の経済をベースに，経済学の基礎概念をやさしく解説して好評を博した，入門テキストの改訂版である。初版刊行以降の情勢の変化についても言及し，経済データも最近期のものにアップデートした。また，新たなQ&A，コラムなどの記事を加え，親しみやすさ・わかりやすさにより配慮した。左右見開き体裁・見やすい2色刷。

経済学叢書 Introductory
入門 計量経済学　Excelによる実証分析へのガイド
山本 拓・竹内明香 共著　　　　　　　　A5判／256頁　本体2,500円
本書は，確率や統計学の基礎的知識はないが計量経済学を学びたい人に最適な入門書である。本書では，数学的結果の導出には直観的説明を行い，その結果の解釈に重きを置いた。また，Excelで基礎的な計量分析ができるよう，操作手順を示して全面的にサポートしている。図版を多用し，2色刷として視覚的理解にも配慮した初学者におすすめの一冊。

Excelで読み取る　経済データ分析
橋本紀子 著　　　　　　　　　　　　　　B5判／160頁　本体1,700円
本書は，経済に興味を持つ人が経済データから日本の経済の動きを知るためのノウハウをまとめた入門書である。Excelでデータの整理を行い，考察，意見交換，問題解決に結びつけていくことをめざす。現実の日本経済データを利用し，経済の現象をより身近に具体的に体感・理解する。大学の講義のみならず，セミナーや自習にも最適の一冊である。

経営学・会計学・社会学新刊

ライブラリ 経営学コア・テキスト 9
コア・テキスト マーケティング
山本 晶 著　　　　　　　　　　A5判／256頁　本体2,400円
学生の関心が高い科目であるマーケティングを，初学者が理解しやすいよう事例を挙げて解説。各章の内容を章末の演習問題で身近な事例と結びつけて考え，整理できる構成。マーケティングの様々な領域を知り，より専門性の高い学習への一歩をすすめるための一冊。2色刷。

ライブラリ 経営学コア・テキスト 8
コア・テキスト 事業戦略
宮崎正也 著　　　　　　　　　　A5判／320頁　本体2,600円
事業が収益を上げていくための方法を考えるうえで参考となる企業行動の諸類型を，事業戦略立案のための「素材」として11テーマ取り上げて紹介。さらに競争優位持続のための企業の内部分析と外部の環境分析について論じる。

入門経営学 1
入門経営学　第3版
亀川雅人・鈴木秀一 共著　　　　　A5判／376頁　本体2,700円
経営学全体をバランスよく身につけられると好評の入門書。近年の商法などの改正を踏まえ，企業形態に関する章を改訂。また，経営戦略とマーケティングをそれぞれ独立させて解説し，内容を充実させた。さらに，財務諸表に関する章を新たに設け，よりわかりやすい構成とした。

ライブラリ ケースブック会計学 5
ケースブック コストマネジメント　第2版
加登 豊・李 建 共著　　　　　　A5判／320頁　本体2,450円
コストマネジメントの様々なケースをビジネス誌や新聞から取り上げ，平易な文章と図を用いてわかりやすく説明したテキスト。全40ケースを読みながら「Quiz」と「Exercises」で理解度を確認することで，初学者でも無理なく読める自習用参考書やケース集としておすすめの一冊。

社会学ワンダーランド
山本 泰・佐藤健二・佐藤俊樹 編著　A5判／344頁　本体2,600円
これまでにないスタイルの社会学入門書。最前線にいる10名の社会学者が，多彩な領域における研究を紹介し，そのテーマにおいて使われた「社会学的な対象」を発見する方法，独特な技〈アート〉を説き明かしていく。2010年東京大学学術俯瞰講義，待望の書籍化。

法学新刊

ライブラリ 法学基本講義 4
基本講義物権法Ⅰ 総論・占有権・所有権・用益物権
七戸克彦 著　　　　　　　　　A5判／296頁　本体2,900円
民法物権法の総論ならびに占有権・所有権・用益物権について，法概念や条文・法制度に関する横断的・複合的な視点を養えるよう解説。主要な判例を多数掲載し，比較・対照した。司法試験・司法書士試験の短答式試験・多肢択一式試験の出題領域を網羅した必携書。2色刷。

新法学ライブラリ 9
家族法　第4版
二宮周平 著　　　　　　　　　A5判／488頁　本体3,250円
家族法の好評テキスト最新版。今回の改訂では，民法の一部改正および家事事件手続法制定を取り入れた。また，第3版刊行後の新しい判例から重要な審判・決定例を多数紹介し，相続させる旨の遺言，遺留分の最高裁判例を詳細に解説した。学部生・院生必携の教科・参考書。

事例演習法学ライブラリ 4
事例演習 家族法
二宮周平 著　　　　　　　　　A5判／128頁　本体1,350円
新しいスタイルの演習書。全ての法学の学習や実務にとって前提となるテーマとあわせて，家族法と財産法の原理との相違点，相続法における法的安定性の意味，家族紛争の解決の仕方などを取り上げた。同著者による好評書『家族法　第4版』との相互参照についても配慮した。

新法学ライブラリ 10
民事訴訟法
小林秀之 著　　　　　　　　　A5判／488頁　本体3,400円
本書は，民事訴訟法の標準的テキストである。第Ⅰ部で民訴法の面白さと重要な役割について，第Ⅱ部で民訴法の段階ごとの役割を説明し，第Ⅲ部では学説の対立が顕著な分野について独立した章で詳説している。また，訴状・答弁書・準備書面などの書式も収録した。2色刷。

法学叢書 19
法学叢書 金融商品取引法
小川宏幸 著　　　　　　　　　A5判／256頁　本体2,500円
金商法について，重要基本事項をおさえつつ，従来にない構成の新しい体系書。第1の特長は，多くの体系書とは正反対の「トップ・ダウン」の構成。第2の特長は，アメリカ連邦証券規制を「補章」という形で，日米両法を対置させながらの詳説。基本を学びたい方やアメリカ連邦規制について学びたい方に最適の一冊。

好評書より

コンパクト 経済学ライブラリ 4
コンパクト 財政学 第2版

上村敏之 著　　　　　　　　　　　四六判／224頁　本体1,750円

本書は，財政学のエッセンスをわかりやすくコンパクトにまとめた好評書の改訂版である。最新の財政制度の情報と財政データにもとづき，内容をバージョンアップした。左頁に本文解説，右頁に財政データや概念図を配した左右見開き構成として現実感覚と直観的理解を生かすアプローチをとった。経済学の予備知識がなくても読み通せる一冊。2色刷。

経済学叢書 Introductory
財政学入門

西村幸浩 著　　　　　　　　　　　A5判／304頁　本体2,700円

本書は，財政学をはじめて学ぶ人が，予備知識がなくても楽しく読めることを目指した入門テキストである。経済政策課題を考察できるよう，発展的議論，ケーススタディ，応用例などを豊富に掲載した。さらに，発展・応用のための問題に解説も用意した。もう一度学び直したい方や，財政への経済学的アプローチに興味のある方にもおすすめの一冊。

演習新経済学ライブラリ 3
演習 財政学 第2版

井堀利宏 著　　　　　　　　　　　A5判／280頁　本体2,250円

本書は，財政学と日本財政を理解できる好評演習書の改訂版である。第2版では初版刊行後の政治・経済・財政の動向を踏まえ，改訂した。1990年代後半以降のわが国財政における変化や，財政問題上の諸概念について，新たに説明を加えた。また，コラムを全面的に刷新し，日本財政に関するマクロ・データも最新のものに更新し，解説している。

新経済学ライブラリ 7
財政学 第4版

井堀利宏 著　　　　　　　　　　　A5判／264頁　本体2,300円

本書は，はじめて学ぶ人のために財政学のエッセンスをコンパクトにまとめた定評テキストの最新版である。第4版では，最近の日本財政の変化についてデータを更新し，今日的なトピックスについて新しく説明を加えた。また，財政問題上で重要な理論的概念についても，コラムを新設したり練習問題を追加したりして，新たに説明した。2色刷。

発行 新世社　　発売 サイエンス社

〒151-0051　東京都渋谷区千駄ケ谷1-3-25　　TEL (03)5474-8500　FAX (03)5474-8900
ホームページのご案内　http://www.saiensu.co.jp　　　　　　　＊表示価格はすべて税抜きです。

Ⅲ-5-5　代理権・代表権限の濫用

　実際に代理権・代表権を有する者が，自己の私利を図るために，手形を振出した場合，受取人は手形金請求できるであろうか。この点，代理（代表）行為の直接の相手方が，当該手形行為が実は権限濫用に該当すると知っている場合には，民法93条但書の規定を類推適用して，本人（法人）は責任を負わないと解される。具体的には，農業協同組合の参事が，自己または第三者の利益を図るため代表権限を濫用して約束手形を振り出し，受取人がそうした権限濫用の事実を知りまたは知り得べかりし場合，民法93条但書の類推適用によって，当該組合は受取人に対する手形上の責任を免れる。右受取人がさらに第三者へ当該手形を裏書譲渡したときは，手形法17条但書の規定によって，手形所持人の悪意を立証した場合にのみ，当該組合はその責任を免れることになる（最判昭44・4・3民集23・4・737）。

　また，代理人がその権限を濫用して約束手形の振出人のために手形保証（Ⅲ-9参照）をした場合，受取人がそうした権限濫用の事実を知り得べきであったときは，本人はこの受取人に対して，民法93条但書によって保証人としての責任を免れることができる。しかし，当該手形を受取人に対する所得税の滞納処分として国が差し押さえたときは，国は手形法17条によって保護されるべき者ではないため，本人はこの受取人に対する人的抗弁をもって，国に対抗できることになる。ただし，国がその差押え当時，代理人による代理権濫用の事実を知らなかったときは，民法94条2項の類推適用によって，本人は当該保証が無効であることを国に対抗できないことになる（最判昭44・11・14民集23・11・2023）。

III-6　裏　書

III-6-1　意　義

　指図証券（11条1項・77条1項1号）とは，証券上特定された者だけでなく，この者によって指図された者も権利者となることができる証券をいう。この指図証券の譲渡を目的とする証券的行為を，裏書という。裏書は，裏書欄に，裏書文句を記入して，署名をすることにより成立する（巻末資料13参照）。共同受取人は，共同してのみ裏書をすることができる（大判大15・12・17民集5・850）。裏書人が法人である場合，当該法人の代表機関が，法人のためにすることを明らかにして自己の署名をすることが要求される（最判昭41・9・13民集20・7・1359）。したがって，例えば，A株式会社の代表取締役Bが約束手形の裏書欄に「A株式会社」と記載し，会社印を押印しただけでBの自署または記名捺印がない場合，当該裏書はA株式会社の裏書としての効力を生じない。

（1）白地式裏書

　被裏書人名が記載されているものを記名式裏書といい，記載されていないものを白地式裏書（13条2項）という。白地式裏書をした者が，当該手形を差換えのために振出人へ交付する際に裏書部分を抹消しなかった場合，当該手形が第三者によって適法に取得されると，この白地式裏書人は，右第三者に対して手形債務を負担することになる（最判昭42・2・3民集21・1・103）。

　白地式裏書には，所持人が，自己の名称をもって白地を補充する

場合(14条2項1号),所持人が,直接次の譲受人の名称で白地を補充して手形を譲渡する場合(同条同項同号),所持人が自己の名称で白地を補充したうえで,あるいは,補充しないままで,記名式裏書または白地式裏書により,手形を譲渡する場合(同条同項同号・2号),そして,所持人は,白地を補充しないまま,裏書もせずに,譲受人に手形を譲渡する場合(同条同項3号)がある。

【電子記録債権法では‥⑨】
電子記録債権の譲渡

　電子記録債権が二重譲渡されてしまうリスクが排除されるメカニズムは,以下の通りである。

　すなわち,「電子債権記録機関は,同一の電子記録債権に関し2以上の電子記録の請求があったときは,当該請求の順序に従って電子記録をしなければならない」と規定されている(8条1項)。

　したがって,もし,「A→B」,「A→C」の譲渡記録の請求が順次あった場合,先に電子債権記録機関へ到達した「A→B」の電子記録がなされる。その結果,Aはもはや電子記録債権者ではなくなるので,「A→C」の譲渡記録の請求は拒絶されることになるのである。

　他方,もし,「A→B」,「A→C」の譲渡記録の請求が同時にあった場合(先後が不明の場合も含む),「同一の電子記録債権に関し『同時に』2以上の電子記録が請求された場合において,請求に係る電子記録の内容が相互に矛盾するときは」,「電子債権記録機関は,いずれの請求に基づく電子記録もしてはならない」と規定されており(同条2項),やはり電子記録債権が二重譲渡されてしまうリスクが排除されている。

---

(2) 裏書禁止裏書

裏書禁止裏書（15条2項・77条1項1号）とは，裏書人が新たな裏書を禁ずる旨の記載をして行う裏書をいう。かかる記載によっても，それ以降の裏書が禁止されるわけではないが，裏書禁止裏書をした裏書人は，その被裏書人が裏書をした者に対しては担保責任（Ⅲ-6-3参照）を負わないという効果がある。

【電子記録債権法では‥⑩】
譲渡禁止特約付の電子記録債権

電子記録債権を柔軟な制度設計にするために，当事者が譲渡禁止特約付の電子記録債権を発生させることは，法律上，許されている。これに対して，電子債権記録機関が，その業務規程において，「保証記録，質権設定記録若しくは分割記録をしないこととし，又はこれらの電子記録若しくは譲渡記録について『回数の制限』」をすることは許されるものの（16条2項15号），電子記録債権を「譲渡禁止」にすることは許されない。電子債権記録機関には，譲渡の一切を禁止するというニーズはないと考えられるためである。

ここで注意すべきは，当事者による譲渡記録の禁止・譲渡回数の制限が許されるとはいっても，そもそも電子債権記録機関の業務規程において，そうした記録を当事者がすることが可能な場合に限って，譲渡記録の禁止・譲渡回数の制限が許されるにすぎないという点である（同条5項）。この規定の趣旨は，譲渡記録や分割記録などを無制限に認めることは，システム運営上，電子債権記録機関に対して過大なコスト負担となりかねないので，電子記録を整備するためのシステム設計上の費用を考慮して各電子記録債権機関の判断を尊重する点にある。

当事者間で譲渡記録の禁止や譲渡回数の制限を定め，かつ電子債権記録機関が業務規程においてそれらの記録が可能とされているに

もかかわらず，それらの制限が電子記録されていないと，電子記録債権の内容とはならない。もっとも，それらの制限は人的抗弁（20条1項）として主張し得ると解される。

Ⅲ-6-2　債権譲渡と裏書

民法上の債権譲渡においては，債権はその同一性を失うことなく譲受人に移転される。したがって，債権譲渡にあっては，抗弁はその債権に付着したまま承継的に移転され，譲受人に対しても対抗できるのが原則である（民法468条）。そうすると，例えば，第一裏書人Aがその被裏書人Bから手形の返還を受け，その裏書の記載を抹消することなく，Cにその手形を交付し，CがさらにDへ交付した場合，A・C間とC・D間における譲渡は指名債権譲渡の方法によるものであるから，振出人はAに対する抗弁をC・Dに対抗することができる（最判昭49・2・28民集28・1・121）。すなわち，指名債権譲渡の方法による手形債権の譲渡も有効ではあるが，人的抗弁の切断という手形法上の保護は受けられないことになる。

しかし，裏書による手形債権の移転にあたっては，手形流通強化のため，手形抗弁の制限という効果が生じる（手形法17条，Ⅲ-7参照）。手形は，指図式で振出されている場合だけでなく，記名式であって指図文句の記載がない場合にも，裏書によって譲渡することができる（11条1項，法律上当然の指図証券性）。裏書には，条件を付すことはできない。条件を付しても，その記載は無効となるが（12条1項），裏書自体が無効となるわけではない。また，手形金額の一部を譲渡する旨の裏書は無効である（同条2項）。

【電子記録債権法では‥⑪】
電子記録債権の一部譲渡

　手形においては，手形金額の一部を譲渡して残部を裏書人に留保したり，一部をAへ残部をBへそれぞれ譲渡するような**一部裏書**は無効とされており（手形法12条2項），また，手形上の権利の一部を指名債権譲渡の方法で譲渡したとしても，同様に無効であると解される（同法同条同項の類推適用）。

　これに対して，電子記録債権の場合，その一部譲渡を行う前提として，分割記録の請求をすることは可能であり（電子記録債権法43条1項），しかも，分割記録の請求は，分割債権記録に債権者として記録される者だけで行うことができるとされている（同法同条3項）。一部譲渡に当たっては，電子記録債権を分割する記録を譲渡記録とは別に行う方が債権記録の内容が明確になるため，分割記録の制度が設けられたのである。

Ⅲ-6-3　裏書の効力

　裏書には，(1) **権利移転的効力**，(2) **担保的効力**，(3) **資格授与的効力**という，3つの効力がある（巻末資料18参照）。

(1) 権利移転的効力

　権利移転的効力とは，振出人に対する手形金請求権や裏書人に対する遡求権（Ⅲ-8-6参照）等，裏書が手形より生ずる一切の権利を移転する効力を持つことをさす（14条1項）。

(2) 担保的効力

　担保的効力とは，裏書人は被裏書人およびその後者に対して支払を

担保し（15条1項），これらの者が支払を受けられない場合には，遡求義務を負う（43条）ことをさす。裏書による担保責任は，手形流通力の強化のため，法が特に認めた法定責任である。なお，裏書人は裏書に担保責任を排除する旨の記載（「無担保」や「支払無担保」）もできる（無担保裏書，15条1項）。

(3) 資格授与的効力

資格授与的効力とは，裏書の連続する手形の所持人が，手形上の権利者と推定されることをさす。手形法16条1項は，「看做す」という文言を使っているが，これは反証を許す「推定する」の意味であり，裏書の連続のある手形所持人が真実の権利者でないことを手形債務者が証明すれば，その権利行使を拒むことができる（最判昭36・11・24民集15・10・2519）。同条同項による推定を覆すためには，手形が有効な裏書によって所持人の所持に帰したものでないことを主張・立証するだけでは足りず，同条2項本文に基づく手形上の権利の取得（善意取得についてⅢ-6-4参照）もないことまで主張・立証しなければならない（最判昭41・6・21民集20・5・108）。被裏書人欄の記載のみが抹消された場合，当該裏書は，同条1項との関係では，その抹消が権原ある者によってされたことを証明するまでもなく，白地式裏書（Ⅲ-6-1（1）参照）となる（最判昭61・7・18民集40・5・977）。

手形面上で，受取人が第一裏書の裏書人になり，次いで第一裏書の被裏書人が第二裏書の裏書人となるというように，裏書が受取人から最後の被裏書人に至るまで間断なく続いていることを，裏書の連続があるという。そして，原告が連続した裏書の記載のある手形を所持し，それに基づき手形金の請求をしている場合，当然に16条1項の適用を主張していると解される（最大判昭45・6・24民集24・

6・712)。このように裏書は被裏書人たる手形所持人に権利者としての形式的資格を付与するものである。裏書の持つこのような資格授与的効力によって，所持人から手形を取得する者は，たとえその所持人が無権利者であっても，権利者と信じて手形を取得すれば，有効に権利を取得できるし（善意取得についてⅢ-6-4参照），さらに，手形債務者は，無権利の所持人に対して支払をしたとしても，免責されることになる（40条3項，Ⅲ-8-5参照）。

　裏書の連続が認められるかどうかは，外形的・形式的に判断される。実質的には裏書の連続を欠いた手形であるとしても，形式的に連続しているときは，右手形の所持人は，その手形上の権利を行使することができる（最判昭30・9・23民集9・10・1403）。また，手形上の表示が完全に一致していなくとも，その同一人であることが表示されていれば，裏書の連続があるといってよい（最判昭36・3・28民集15・3・609）。被裏書人の氏名の肩書に裏書人の相続人であることが表示してあれば，その手形は裏書が連続していると考えられる（大判大4・5・27民録21・821）。

　すなわち，手形の所持人たる資格を有するためには，裏書が外観上連続していることは必要であるが，真正であることは必要でなく（大判大4・6・22新聞1043・29），偽造の裏書，無権代理人による裏書が介在していても，裏書の連続を認めるうえで差し支えはない。例えば，Cが，B会社を代理・代表する権限を有しないにもかかわらず，その権限があると自称し，Aから，「B会社名古屋出張所」宛ての約束手形の振出を受け，さらに右手形に「B会社名古屋出張所長C」と署名したうえで，Dへ裏書交付したような場合でも，右手形の裏書は連続していることになる。そして，Dは裏書譲渡によって右手形を善意で取得し現に所持しているのであるから，DのAに対する手形上の権利行使は認められることになる（最判昭35・1・

12民集14・1・1)。受取人欄の記載が変造された場合でも，手形面上，変造後の受取人から現在の所持人へ順次連続した裏書の記載があれば，その所持人は，振出人に対する関係でも，適法な所持人と推定される（最判昭49・12・24民集28・10・2140)。

　裏書人が再び手形上の権利を譲り受けるには，爾後の裏書の抹消の方法によることも可能である（大判昭8・11・20民集12・2718)。抹消された裏書は，裏書の連続の判断に関しては，記載なきものとみなされる（16条1項3文)。裏書人が，被裏書人に対する裏書を抹消せずに，所持人として手形金請求訴訟を提起した後で当該裏書を抹消した場合，裏書の連続との関係においては，当該抹消された裏書は記載されなかったものとみなされる（最判昭32・12・5民集11・13・2060)。裏書が抹消された場合，その権利を有した者が抹消したかどうかを問わず，裏書は記載されなかったものとみなされる（最判昭36・11・10民集15・10・2466)。

　では，外見上裏書の連続が中断しているが，真実には連続がある場合，「裏書の連続」があるといってよいか。まず，外形的・形式的に裏書の連続が欠けている以上，所持人には形式的資格がない。もっとも，手形法16条1項の形式的資格の付与は，手形所持人に権利の承継の証明を省かせ，権利行使を容易にするためにすぎない。したがって，裏書が中断され，形式的資格を欠く手形の所持人も，その実質的な権利の承継を立証することによって，裏書の連続を架橋して権利行使できると解される（最判昭33・10・24民集12・14・3237)。その際，所持人は裏書の連続が断絶している部分だけについて，実質的な権利移転の証明をすれば足りる。なぜなら，裏書の連続した手形の所持人の形式的資格は，個々の裏書の有する資格授与的効力の集積に基づくからである。これに対して，手形法16条1項は，要件事実として，振出人から現所持人までの裏書記載全体

を対象として,そこに連続があるかどうかを要求していると解する立場によれば,裏書の不連続部分の実質的権利移転が証明できたとしても,形式的資格を回復できないという結論になろう。

III-6-4 善意取得

　手形法上では,手形を所持する者を,手形上の権利者として取り扱うことが許される。その者がたとえ無権利者であったとしても,その者から,右権利者たる外観を信頼して手形を取得する者は,手形上の権利を有効に取得できる。これを,善意取得の制度(16条2項)という。承継取得には,裏書,相続,合併等があり,原始取得には,善意取得制度がある。善意取得の制度は,人的抗弁の制限(17条)や,白地補充権濫用の抗弁の制限(10条)と並んで,手形流通強化のための制度である。

　善意取得には,手形譲受人が手形上の権利を取得するとともに,その結果として原権利者が手形上の権利を喪失することや,手形上の権利を善意取得した所持人から悪意で手形を取得する者は,前者たる所持人の有している権利を承継取得するという効果がある。すなわち,いったん善意取得が成立すると,その後の手形取得者はその善意・悪意を問わず保護されるのが原則である。

　善意取得が認められるには,第一に,手形取得者は,裏書または引渡(交付)によって,手形を取得しなければならない。第二に,裏書の連続がなければならない。すなわち,手形取得者は,裏書の連続する手形を所持する譲受人から,裏書または交付により手形の譲渡を受ける場合にのみ,善意取得が認められる。裏書の中断した手形の場合も,断絶部分の実質的権利移転を立証することにより架橋されるので(III-6-3参照),断絶後の裏書による善意取得も認め

てよい。第三に，善意取得によって治癒される瑕疵の範囲は，譲渡人の無権利，裏書人の無能力・意思の欠缺・意思表示の瑕疵，代理人の代理権の欠缺，裏書人の人違い（同一性の欠缺）である。第四に，譲受人は，手形取得の時点を基準として「善意・無重過失」でなければならない。ここに「善意・無重過失」とは，自己への手形譲渡に瑕疵があることを知らず，かつ，その知らないことについて，手形取引上通常必要な注意を著しく欠いたとはいえない，ということを意味する。すなわち，手形取得者は，社会通念に照らして，譲渡人の権利・権限について相当の不審がある場合には，一定の調査（注意）をする義務を負っていることになる。例えば，手形所持人が裏書人から手形を取得するに際し，その直前に当該裏書人から盗難小切手の交付を受けた等の事実がある場合には，右手形所持人は，手形振出名義人または支払担当銀行に照会する等の方法によって手形振出の真否を調査すべき注意義務を負っているというべきであり，何らの調査をしなかった点で重大な過失が存在するといえる（最判昭52・6・20判時873・97）。

なお，盗難手形の所持人が，当該手形を取得するについて経済的な出捐をした事実を証明できない場合に，善意取得の制度による保護が否定されたことがある（東京高判平12・8・17金判1109・51）。

【電子記録債権法では…⑫】
電子記録債権の善意取得

　手形法における善意取得制度の意義と趣旨については，本文中で説明した通りであるが，再言すれば，権利者らしい外観を有する無権利者から，その外観を信頼して手形を取得する者は，手形上の権利を有効に取得できるというのが善意取得制度であり，その趣旨は，取引の安全を保護し，もって手形の流通を促進することにある。か

かる趣旨は，電子記録債権の場合にも当てはまる。そこで，電子記録債権法は，電子記録債権についても善意取得の制度を定めたのである。すなわち，「譲渡記録の請求により電子記録債権の譲受人として記録された者は，当該電子記録債権を取得する。ただし，その者に悪意又は重大な過失があるときは，この限りでない」と規定されている（同法19条1項）。このように同条同項但書にいう悪意・重過失がある場合以外に善意取得が適用されない場合として，同法は以下の3つを規定している（同条2項1-3号）。

第一に，善意取得の規定を排除する旨の発生記録がある場合である（同条同項1号）。そもそも善意取得（そして，人的抗弁の切断）といった取引安全を図る規定を当事者が排除することを認めてよいのかという議論があったが，法はこれを認めたことになる。手形法11条2項によって指図禁止手形の振出が認められているのと同様に，電子記録債権においても，取引の安全よりも当事者の意思を尊重すべきと解されるからである。

第二に，支払期日以後に譲渡記録がなされた場合には，善意取得の対象外と規定されている（電子記録債権法19条2項2号）。支払期日以後は，電子記録債権の流通促進の要請が乏しいと考えられるためである。

第三に，「個人……である電子記録債権の譲渡人がした譲渡記録の請求における譲受人に対する意思表示が効力を有しない場合」には，善意取得が適用されないと規定されている（同条同項3号）。これは，例えば，A（消費者）からB，そしてCへと電子記録債権が流通した場合，A（消費者）に意思表示上の瑕疵があると，Cは善意取得できないということを意味している。なお，Bが善意取得できるのかについては，明文の規定はない。この点，手形の場合であれば善意者保護を重視して，認めてよいと解する。しかし，電子記録債権法は「善意者保護」より「消費者保護」を優先する諸規定（12条2項2号・20条2項3号等）を置いている点で，手形法とは

異なる。もし，仮にBの善意取得を認めた場合，CはBから承継取得する余地が生じることになり，結局これでは「消費者保護」を重視した電子記録債権法18条2項3号の趣旨が減弱されてしまう。ゆえにやはり認めるべきではないといえよう。

Ⅲ-6-5 特殊の裏書

(1) 取立委任裏書

①公然の取立委任裏書

公然の取立委任裏書（18条・77条1項1号）とは，手形上の権利を行使する代理権を付与する目的で，委任を示す文言を記載して行う裏書をさし，「取立てのため」，「回収のため」，「代理のため」等の文言が，統一手形用紙の目的記載欄に記載される（巻末資料13参照）。

取立委任裏書により，被裏書人に，手形上の一切の権利を行使する権限が与えられる。この点に関して，第一の取立委任裏書の被裏書人が，第二の取立委任裏書をした後に第二の被裏書人から手形の返還を受けた場合，第一の被裏書人は，第二の取立委任裏書を抹消したか，その戻裏書（Ⅲ-7-5参照）があったかどうかにかかわらず，手形上の権利を行使し得ると判示されたことがある（大判昭2・7・7民集6・380）。

取立委任裏書には，権利移転的効力はないために，被裏書人は手形上の権利を処分することはできず，善意取得（16条）の規定は適用されない。また，被裏書人独自の経済的利益はないために，人的抗弁も切断されない（18条2項）。さらに，取立委任裏書は代理権を与えるにすぎず，取立委任文句は「反対の文言」（15条1項）に該当するから，担保的効力も認められない。もっとも，代理権者としての資格授与的効力はあるから，善意支払（40条3項）の規定は

適用される。

また，取立委任裏書後の裏書譲渡は，当事者の通常の意思から再取立委任裏書の効力を有すると解される。すなわち，手形の取立委任を受けた被裏書人は，単に自己の名をもって手形上の権利を行使する権能を有するにすぎないのだから，取立受任者たる被裏書人がさらに裏書をして特に取立委任の付記をしない場合は，反証がない限り，この被裏書人は同一の目的でさらに裏書をしたものと解される（大判昭元・12・28 評論 16・民訴 166）。

取立委任裏書を受けて手形を所持している者が，その裏書人との間で当該手形の譲渡を受ける旨の合意をした場合，譲渡裏書としての効力が生ずるのは，取立委任文言の抹消の時からであるとされるが（最判昭 60・3・26 判時 1156・143），資金繰りに窮した債務者が，弁済期日の延長に伴う根担保として，債権者へ手形を取立委任裏書していたものであった場合には，後日なされた取立委任文言の抹消を待つまでもなく，当該譲渡の時点で手形債権は譲渡担保として債権者に移転すると判示された（福岡高判平 19・2・22 判時 1972・158）。

②隠れた取立委任裏書

隠れた取立委任裏書とは，取立委任の目的をもって，通常の譲渡裏書の方式でなす裏書をいう。隠れた取立委任裏書がなされると，手形上の権利は，通常の裏書におけると同様に裏書人から被裏書人へ移転し，取立委任の合意は当事者間の人的抗弁事由になるにとどまる（最判昭 31・2・7 民集 10・2・27）。もっとも隠れた取立委任裏書の当事者間においては，手形上の権利は実質的には被裏書人（C）に移転することなく，依然として裏書人（B）に帰属すると解される。よって，手形債務者（A）が裏書人（B）に対して有する人的抗弁をもって被裏書人（C）に対抗したときは，その被裏書人（C）は裏書による抗弁切断を主張できないこととなる（最判昭 39・10・16 民集

18・8・1727)。また，約束手形の振出人が原告となった詐害行為取消訴訟において，その受取人が所持人に対して行った裏書が，詐害行為（民法424条）であると認められて取り消された場合，このことは振出人の所持人に対する人的抗弁になる。したがって，振出人は，所持人から隠れた取立委任裏書を受けた被裏書人に対しても，右抗弁を主張することができる（最判昭54・4・6民集33・3・329）。

なお，被裏書人に対して訴訟行為をさせることを主たる目的として裏書がなされたような場合には，その裏書は隠れた取立委任裏書であって，手形上の権利は信託的に被裏書人に移転するものだから，訴訟信託を禁止する信託法10条によって，手形上の権利移転行為である裏書はその効力を生ぜず，手形債務者は被裏書人が手形上の権利を有しないとして手形金請求を拒絶できることになる（最判昭44・3・27民集23・3・601）。

(2) 質入裏書
①公然の質入裏書
公然の質入裏書（19条・77条1項1号）とは，手形上の権利に質権を設定する目的をもって，質権の設定を示す文言（「質入のため」，「担保のため」等）を記載してなされる裏書をいう。手形の質権設定の手続を簡略化し，もって質権者の簡便・確実な権利実効を可能とするために設けられた規定である。

②隠れた質入裏書
隠れた質入裏書とは，手形上の権利に質権を設定する目的をもって，通常の譲渡裏書の方法でなす裏書をいう。隠れた質入裏書の被裏書人は，たとえ被担保債権額が手形金額より少額の場合であっても，振出人に対して手形金全額についてその権利を行使することができる。もっとも，そのうち被担保債権額を超える部分については，隠れた

取立委任裏書の性質を有するため，振出人は，裏書人に対する抗弁を被裏書人に対抗することができる（大阪高判昭 34・8・3 高民 12・10・455）。

(3) 期限後裏書

期限後裏書（20条1項・77条1項1号）とは，支払拒絶証書作成後，またはその作成期間経過後になされた裏書をいう。ここに支払拒絶証書作成期間とは，確定日払の手形の場合には，満期日とこれに次ぐ2取引日をいう（77条1項4号・44条3項前段）。したがって，支払拒絶証書が作成される前の裏書であって支払拒絶証書作成期間経過前になされたものは，たとえ不渡りの符箋などから満期後の支払拒絶の事実が手形面上明らかにされた後であったとしても，満期前の裏書と同一の効力を有することになる（最判昭 55・12・18 民集 34・7・942）。なお，支払拒絶証書の作成免除は，約束手形の振出人が行っても効力を生じない（大判大 13・3・7 民集 3・91）。

満期後の裏書は，満期前の裏書と同一の効力を有するが（20条1項本文），支払拒絶証書作成期間経過後の裏書は，指名債権譲渡の効力のみを有するにすぎない（同条同項但書）。そのため，手形債務者は期限後裏書の被裏書人に対して，その裏書の裏書人に対する人的抗弁を主張できる（最判昭 57・9・30 判時 1057・138）。例えば，共同振出に係る受取人白地の手形を，共同振出人の1人が満期から1カ月を経た後に手形金を支払って受戻し，さらに右手形を共同振出人以外の者に交付した場合，この者は期限後裏書の被裏書人といえ，他の共同振出人は，この者に対して支払済みの抗弁を主張できることになる（最判昭 33・9・11 民集 12・13・1998）。

III-7 手形抗弁

III-7-1 債権譲渡と抗弁の承継

　債権は譲り渡すことができると規定されているが（債権の譲渡性，民法466条1項本文），当事者が反対の意思を表示した場合には，かかる規定は適用されない（同条2項本文）。もっとも，その意思表示は，善意の第三者に対抗することができないとされている（同条同項但書）。指名債権譲渡は，譲渡人が債務者に通知をし，または債務者が承諾をしなければ，債務者その他の第三者に対抗することができず（467条1項），この通知または承諾は，確定日付のある証書によってしなければ，債務者以外の第三者に対抗することができない（同条2項）。債務者が，異議をとどめないで467条の承諾をしたときは，譲渡人に対抗することができた事由があっても，もはやそれを理由に，譲受人に対抗することができなくなる（468条1項1文）。これに対して，譲渡人が譲渡の通知をしたにとどまるときは，債務者は，その通知を受けるまでに譲渡人に対して生じた事由をもって，譲受人に対抗することができる（同条2項）。

　このように，民法上の債権譲渡においては，債権はその同一性を失うことなく譲受人に移転され，したがって，債務者は譲渡人に対して主張できた抗弁を，譲受人に対しても主張できるのが原則である。しかし，手形法では，手形の譲受人に対する人的抗弁の切断を原則として認めることにより，手形流通の強化を図っている。すなわち，手形金の請求を受けた手形債務者が，支払を拒絶する理由として主張できる一切の事由を人的抗弁といい，手形法においては手形流通の強

化という目的のために，手形譲受人に対する抗弁の制限（切断）の制度が認められているのである。

Ⅲ-7-2　物的抗弁と人的抗弁

手形抗弁には，制限されうる人的抗弁と制限されない物的抗弁とがある。両者を区別する基準は手形法に定められているわけではないので，理論により決する。

物的抗弁とは，特定またはすべての手形債務者が，すべての手形所持人に対して対抗できる抗弁をいい，手形の記載に基づく抗弁（例えば，満期未到来の抗弁や有害的記載事項記載の抗弁），手形上の権利が有効に存在しない旨の抗弁（例えば，無能力による取消しの抗弁，無権代理の抗弁，偽造手形の抗弁），時効消滅の抗弁がある。

これに対して，人的抗弁とは，特定またはすべての手形債務者が，特定の手形所持人に対してのみ対抗できる抗弁であり，次の通り分類することが可能である。第一は，原因関係に基づく抗弁であり，原因関係の無効・取消しの抗弁がこれにあたる。第二は，原因関係不法の抗弁であり，例えば，原因関係が賭博に基づく債務である場合がこれにあたる。第三は，融通手形の抗弁である。融通手形とは現金を必要とする者がその調達のために振り出す手形で，何ら現実の商取引がないのに手形を交付し，被融通者にこの手形を利用して他から割引により金融を得させようとするものである。融通手形の受取人自身が，振出人に対して，手形金を請求する場合には，振出人は融通手形である旨の抗弁を主張して，当然，支払を拒める。しかし，この融通手形の抗弁は，単に融通手形であることを知って取得する第三者に対しては主張できない（最判昭34・7・14民集13・7・978）。そのように解さないと，融通目的が達成できなくなってしまうから

である。融通手形が相互に交換的に振り出された場合（交換手形）は，一方が支払をしなければ他方も支払をしない旨の合意を伴うことが多い。この場合，すでに手形金の支払を完了した者に対しては，特別の事情がない限り，融通手形の抗弁を対抗できない（最判昭29・4・2民集8・4・782）。また，一方が支払をしなかったという事実を知りながら，他方の振り出した融通手形を取得した第三者に対して，この交換手形の振出人は悪意の抗弁を主張し支払を拒むことができる（最判昭42・4・27民集21・3・728）。第四に，手形上の権利の成立に関する抗弁であり，例えば，錯誤・詐欺・強迫による手形行為である旨の抗弁がこれにあたる（Ⅲ-2-4（2）参照）。第五は，無権利の抗弁（無権利者の抗弁）であり，所持人が裏書の連続する手形による形式的資格に依拠して請求する場合でも，当該所持人が盗取・横領したような無権利者であれば，手形債務者はその所持人の実質的無権利を立証して，支払を拒み得る（Ⅲ-6-3（3）参照）。

Ⅲ-7-3　人的抗弁の制限

　手形法17条は，「（約束）手形に依り請求を受けたる者は，振出人其の他所持人の前者に対する人的関係に基く抗弁を以て，所持人に対抗することを得ず。但し，所持人が，其の債務者を害することを知りて手形を取得したるときは，此の限に在らず」と規定する。この手形法17条の適用によって人的抗弁が切断されるためには，取得者が，振出，裏書，交付（受取人白地手形や白地式裏書）など手形法的取得により手形を取得していること，さらに善意で取得していることが必要である。

　ここに「債務者を害することを知りて」とは，以下のように解される。すなわち，取得者が手形を取得するにあたり，満期において，

手形債務者が取得者の直接の前者に対し抗弁を主張することは確実であるという認識を有していた場合が,「債務者を害することを知りて」の意味であり(河本フォーミュラ),具体的には以下の①・②に分けられる。第一に,①単なる原因事実に対する認識のみで,「債務者を害することを知りて」といえる場合があり,例えば,原因関係たる売買契約が原始的不能の場合が挙げられる。第二に,②原因事実の他に付加事実に関する認識も存在して初めて,「債務者を害することを知りて」といえる場合があり,例えば,原因関係たる売買契約において売主が債務不履行の状態にあり,買主によって解除されるという事情を熟知している場合である(最判昭30・5・31民集9・6・811)。原因事実(およびその付加事実)を知らなかったことにつき,仮に重大な過失があったとしても,その認識を欠いて手形を取得していれば,「債務者を害することを知りて」には該当しない(最判昭35・10・25民集14・12・2720)。

　手形を取得した当時,単にその手形が売買契約の保証金として振り出されたものであったことを知っていただけでは,「債務者を害することを知りて」とはいえない。しかし,右契約の保証金として騙取された手形であることを知って取得したときは,たとえ当時まだ右契約が詐欺のため取り消されていなかったとしても,「債務者を害することを知りて」といえる(大判昭19・6・23民集23・378)。

　しかし,約束手形を裏書によって取得した者が,その取得の際,右手形は請負代金の前渡金として振り出されたものであることを知ってはいたものの,後に請負契約が解除されるべきことまでは予想していなかった場合には,「債務者を害することを知りて」とはいえない。(最判昭30・11・18民集9・12・1763)。また,手形所持人が手形を取得する際に,当該手形は貸金債権の未発生の利息の支払のために振り出されたものであることを知っていた場合も,貸金債権

の元本が弁済期前に弁済されて利息は発生しないであろうということを知っていた等の特段の事情がない限りは,「債務者を害することを知りて」とはいえない（最判平 7・7・14 判時 1550・120）。

さらに，取得者の悪意の有無は手形の取得時を基準にして決する。すなわち，たとえ手形取得後に抗弁の存在を知るに至っても,「債務者を害することを知りて」にはあたらない。例えば，手形書換（Ⅲ-8-3 参照）は，通常，旧手形の債務の支払を延長するためになされたものと解すべきであるから，手形所持人が，旧手形取得の際に前者に対する人的抗弁事由の存在について善意でありさえすれば，たとえ書換え後の手形を取得する際に人的抗弁の存在を知っていたとしても,「債務者を害することを知りて」とはいえないことになる（最判昭 35・2・11 民集 14・2・184）。

Ⅲ-7-4 善意者の介在と人的抗弁

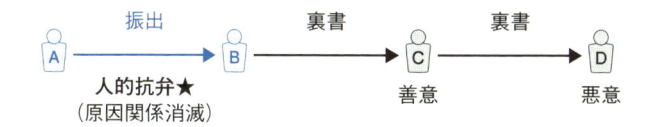

A —振出→ B —裏書→ C —裏書→ D
人的抗弁★　　　　　　善意　　　悪意
（原因関係消滅）

手形所持人の前者が善意のため，手形債務者がその者に対して人的抗弁を対抗し得ない場合，当該前者の地位を承継した手形所持人に対しては，その悪意を理由として人的抗弁を対抗することは許されない（最判昭 37・5・1 民集 16・5・1013）。したがって，例えば，善意の C から手形を取得した D が，A・B 間の人的抗弁★の存在につき悪意の場合でも，A は当該人的抗弁★を D へ対抗できないことになる。

Ⅲ-7-5 戻裏書による再取得と人的抗弁

```
           振出            裏書            裏書
    A ──────────→ B ──────────→ C ──────────→ B
   人的抗弁★                    善意
   (原因関係消滅)
```

　手形法11条3項は，裏書は振出人その他の債務者に対してもこれを為すことができ，これらの者はさらに手形を裏書することができると規定する。このように，既に手形債務者になっている者（振出人，引受人，裏書人など）に対してなされる裏書を，戻裏書という。前節（Ⅲ-7-4参照）でみたように，善意者が介在すれば人的抗弁は切断されることになる。しかし，人的抗弁の対抗を受ける者が，その手形を善意の第三者に裏書譲渡した後，戻裏書によって再び所持人となった場合，当該手形取得者は，善意者を経て戻裏書を受けたからといって，自己の裏書譲渡前の法的地位より有利な地位を取得すると解すべき理由はなく，人的抗弁の対抗を受けることになる（最判昭40・4・9民集19・3・647）。したがって，例えば，振出人Aは，善意者CがBへ行った戻裏書によって再び所持人となった者Bに対して，人的抗弁★を対抗できる。

Ⅲ-7-6　後者の抗弁——人的抗弁の個別性

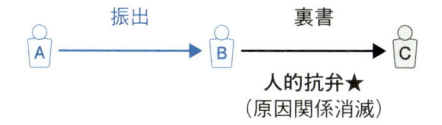

```
         振出              裏書
    A ────────→ B ────────→ C
                    人的抗弁★
                  （原因関係消滅）
```

　自己の債権の支払確保のため約束手形の裏書譲渡を受けた者が，その後，右債権の完済を受けて裏書の原因関係が消滅したときは，特別の事情のない限り，その後は右手形を保持すべき正当の権原を有しないといえ，手形上の権利を行使すべき実質的理由を失ったことになる。にもかかわらず，たまたま手形を返還せず手形が自己の手裡に存するのを奇貨として，自己の形式的権利を利用して振出人から手形金の支払を求めようとすることは，権利の濫用に該当し，17条但書の趣旨により，振出人は所持人に対して手形金の支払を拒むことができる（最大判昭43・12・25民集22・13・3548，後者の抗弁）。

　本来，ある手形債務者が有する人的抗弁は，その者だけしか主張できず，他の債務者が援用することは許されない。これを人的抗弁の個別性という。この人的抗弁の個別性を前提とすれば，BがCに対して有する人的抗弁★を援用して，AはCからの請求を拒めないことになる。しかし，Cは手形を保持してそれを行使すべき実質的理由がないので，CのAに対する権利行使は，権利濫用として許されないことになるのである。

Ⅲ-7-7 二重無権の抗弁

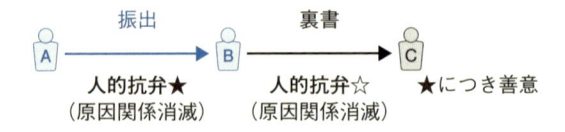

```
    振出            裏書
 A ─────→ B ─────→ C
人的抗弁★    人的抗弁☆   ★につき善意
(原因関係消滅) (原因関係消滅)
```

裏書人と被裏書人との間でその原因関係が消滅し，被裏書人が手形を裏書人へ返還しなければならない場合，被裏書人は手形の支払を求める何らの経済的利益も有せず，振出人の裏書人に対する人的抗弁の切断の利益を享受し得べき地位にはないので，振出人は裏書人に対する抗弁を被裏書人にも対抗できるとされる（最判昭45・7・16民集24・7・1077，二重無権の抗弁）。

例えば，Cは，A・B間の人的抗弁★につき善意であるから，AはBに対する抗弁をもってCに対抗できない。すなわち，人的抗弁★は切断されている。さらに，人的抗弁☆の個別性によって（Ⅲ-7-6参照），Aは，BがCに対して有している人的抗弁☆をCに対抗することもできない。しかし，Cは，そもそも，自己に対する裏書の原因関係が消滅した以上，手形を裏書人Bに返還しなければならないはずである。すなわち，手形の支払を求める何らの経済的利益を有しないと認められる手形所持人Cは，人的抗弁★の切断の利益を享受する地位にないというべきである。したがって，振出人Aは，受取人に対して主張できる人的抗弁★を，所持人Cに対しても主張できるというべきである。こうして，振出人Aは，所持人Cに対して，手形金の支払を拒絶できることになる。

【電子記録債権法では‥⑬】
電子記録債権と人的抗弁の切断

　電子記録債権法は，電子記録債権の流通促進を目的としている。そこで，同法20条1項は，「発生記録における債務者または電子記録保証人（以下「電子記録債務者」という。）は，電子記録債権の債権者に当該電子記録債権を譲渡した者に対する人的関係に基づく抗弁をもって，当該債権者に対抗することができない。ただし，当該債権者が，当該電子記録債務者を害することを知って当該電子記録債権を取得したときは，この限りでない」と規定して，人的抗弁切断の制度を設けた。ここに「害することを知って」とは，「電子記録債権の支払期日において債務者がある特定の抗弁を主張することが確実であることを認識して」という意味と解されている。

　そして，同条2項1・2号は，それぞれ人的抗弁が切断されない場合を規定している。第一に，同条同項1号においては，「16条2項10号（発生記録）または32条2項6号（保証記録）に掲げる事項が記録されている場合」が挙げられている。これは，すなわち，法人や個人事業者に対して，抗弁が切断されない電子記録債権を発生させる機会を保障するための規定である。なお，善意取得の場合（19条2項1号）とは異なり，明文上，電子記録債務者が事業者でない個人である場合は，人的抗弁切断の規定（20条1項）を排除する記録はできないことになっている。すなわち，電子記録債務者が事業者でない個人の場合には，人的抗弁が切断されないことを通じて，取引安全よりも消費者保護の優先が図られているのである。第二に，同条2項2号は，支払期日以後の譲渡記録によっては，抗弁が切断されないことを規定している。支払期日以後は電子記録債権を流通させる要請が低下することに対応した規定であり，期限後裏書（手形法20条，Ⅲ-6-5（3）参照）と同様の趣旨である。

III-8　約束手形の支払

III-8-1　支払呈示

　手形の所持人が，主たる債務者または支払担当者に対して，支払呈示期間内に支払を求めて手形を呈示することを，支払呈示という。このように，手形・小切手上の権利の行使は，手形・小切手の呈示により行われなければならないという性質を，呈示証券性という（手形法 38・77 条 1 項 3 号，小切手法 28 条，商法 517 条）。約束手形は取立債務なので（商法 516 条 2 項），支払を受けるためには，支払呈示が必要である。支払拒絶証書の作成（III-8-6 参照）が免除されたからといって，支払のための呈示義務も免除されたことにはならない（最判昭 33・3・7 民集 12・3・511）。

　振出人に対しては，たとえ支払呈示期間内に支払呈示がなくとも，消滅時効期間が経過しない限り，所持人は手形金の請求ができる。ただし，支払呈示期間内に振出人への支払呈示がないと，裏書人に対しては，手形の所持人は遡求権を失うことになる（手形法 53 条 1 項，III-8-6 参照）。ここに支払呈示期間とは，支払を為すべき日とこれに次ぐ 2 取引日をいう（38 条 1 項）。そして，「支払を為すべき日」とは，通常は「満期日」であるが，満期日が法定の休日にあたる場合には，次の取引日がそれにあたる（72 条 1 項）。なお，約束手形の所持人，振出人および裏書人との間で，当該手形につき支払猶予の合意が成立し，その通りに手形の記載が訂正された場合，満期日は有効に変更されたといえる（大判昭 12・11・24 民集 16・1652）。裏書の連続を欠く手形所持人による呈示であっても，当該所持人が実

質的権利者であれば，適法な呈示といえる（大阪高判昭55・2・29判時973・122）。約束手形の所持人が，その満期日以後2日以内に，振出人に対して支払のために手形を呈示した場合，満期日以後の法定利息を請求できる（大判大15・3・12民集5・181）。ここに「満期以後の利息」（48条1項2号）とは，満期当日の利息を包含する（最判昭35・10・25民集14・12・2775）。しかし，約束手形の支払呈示期間内に適法な呈示がなかった場合，たとえその後に呈示されたとしても，振出人は，本法78条1・2項・48条1項2号および49条2号所定の利息の支払義務を負わない（最判昭55・3・27判時970・169）。

Ⅲ-8-2　受戻証券性

手形債務者は，支払をするにあたって，所持人に対して受取を証する記載をした手形の交付を請求できる。このように，手形・小切手上の債務の履行は手形・小切手と引換えに行えばよいという性質を，受戻証券性という（手形法39条・77条1項3号，小切手法34条1項）。もっとも，手形が既に債務者の占有に帰している場合，債権者における手形の所持はその債務者に対する権利行使の要件とはならず，債務者は引換給付の抗弁を主張できない（最判昭41・4・22民集20・4・734）。手形債権者が手形債務者に負担する債務と手形債権とを相殺する場合には，手形法39条の準用によって，手形を交付しなければならない（大判大7・10・2民録24・1947）。また，金融機関に対する預金債権が預金者から第三者に転付された後に，金融機関が預金者に対して有していた手形貸付債権および手形買戻請求権（Ⅲ-1-2参照）をもって預金債権と相殺し，その結果預金債権が転付以前にさかのぼって消滅した場合にも，金融機関は当該手

形を預金者へ返還すべきである（最判昭50・9・25民集29・8・1287）。

　手形を受け戻さないで支払った場合にも，支払は有効であり，手形債務は完全に消滅する。もっとも，所持人の手元に残った支払済の記載のなされていない手形は，依然として権利が存続しているとの外観を生じてしまう。そこで，この外観を信頼して手形を取得した善意の第三者に対しては，支払済みの抗弁を対抗できないと解される。

　なお，債権者が手形債権ではなく原因債権を行使する場合にも，手形の返還を要するかが問題となる。思うに，返還を不要とすると二重払の危険を債務者に負わせることになり妥当でない。もっとも，常に返還を必要とすると，手形上の権利行使と差異がなく，原因関係上の権利行使を認める意味がなくなってしまう。そこで，債権者が手形を返還せずに原因関係を行使してきた場合，債務者は，特段の事由がない限り，手形の返還と引換えに支払うという抗弁をなし得るものと解すべきである。

　所持人は手形金額の一部のみの支払を拒絶できない（39条2項）。この場合，手形債務者は，手形の返還を求めることはできないが，一部支払のある旨を手形上に記載するように請求できる（同条3項）。一部支払の認容は，確かに，手形債権と証券との不可分一体性に反するが，それは，当事者の利益のために特別に認められた例外である。

Ⅲ-8-3　手形書換

　手形書換とは，支払期日を延期した新手形を振り出して旧手形と交換することをいう。手形書換の目的が旧手形の支払延期のためであって，旧手形が新手形の見返り担保とする意味で回収されなかった場

合，手形書換によって旧手形がその効力を失うことはない（最判昭31・4・27民集10・4・459）。また，旧手形が回収されることなく新手形に書き換えられ，新旧両手形の所持人となった者は，新旧いずれの手形によっても手形上の権利を行使できる。もっとも，いずれか一方の手形によって手形金の支払を受けた以上は，他方の手形で支払を受けることはできない（最判昭54・10・12判時946・105）。

III-8-4 手形交換と不渡り

手形交換制度は，手形の簡易・円滑な取立てを可能にすること，および，信用取引の維持を図ることを目的としている。手形交換所における手形の呈示は，支払呈示（III-8-1参照）の効力を有する。また，手形の信用力を高めるため（III-1-4参照），不渡処分制度が設けられており，6カ月間に2回不渡手形を出した者は，取引停止処分になる。

> 【電子記録債権法では‥⑭】
> **電子記録債権と決済**
> 　電子記録債権については，手形における不渡処分（手形交換所規則）のような制度は存在しない。不渡処分制度は，手形の支払の確実性を確保する役割を果たすが，電子記録債権法にはこのような制度は設けられていないのである。もっとも，手形の場合も不渡処分はあくまで手形交換所規則に基づくものであり，電子記録債権法においても，関係者が自主的にこれと類似する制度を構築することまでを禁止する趣旨とは解されない。

Ⅲ-8-5　支払免責

　当座勘定取引は，委任法理に服するから，受任者である銀行は，「善良な管理者の注意」をもって委任事務を処理すべき義務がある（民法644条）。具体的には，手形要件・小切手要件の充足，統一手形・小切手用紙の使用，手形・小切手番号，印影（署名），金額の記載に改ざんや異状がないかという諸点に，注意すべきことになる。

　銀行が自店を支払場所とする手形について，届出印鑑の印影と当該手形上の印影とを照合する際は，特段の事情のない限り，肉眼によるいわゆる平面照合の方法で行えば足りるが，銀行の照合事務担当者に対して，社会通念上一般に期待されている事務上相当の注意をもって慎重に行うことが要求される（最判昭46・6・10民集25・4・492）。なお，銀行店舗を支払場所とする約束手形に押捺されていたのが実印ではあったが，当座勘定取引契約上の届出印ではなかった場合，振出人に照会せずに右手形の支払をした銀行に，当座勘定取引契約に基づく債務不履行が認められたことがある（最判昭58・4・7民集37・3・219）。

　裏書の連続する手形の所持人には権利者としての外観，すなわち，形式的資格が与えられる（Ⅲ-6-3（3）参照）。そして，手形法40条3項は，外観上権利者とみえる者に支払えば，悪意・重過失がない限り，債務者は免責されると規定している。これにより，支払の確実性と手形流通の強化の実現が図られている。満期において支払をなすべき者は，支払を強制された地位にある。すなわち，所持人の支払請求を拒絶すれば支払人は訴訟に引き込まれ，支払人が立証責任を負う。さらに，もし敗訴した場合には訴訟費用を負担させられるだけでなく，自己の信用を喪失するという危険がある。そこで，支払人は，形式的資格に裏付けられた所持人（裏書の連続した手形

の所持人）が，実際には権利者でないということを知っているだけでは，「悪意」というべきではない。すなわち，「悪意」とは，単に所持人の無権利を知っているだけでなく，それを立証できる容易かつ確実な手段を有するにもかかわらず，故意に支払をしたことを意味するというべきである。

また，「重過失」とは，所持人が無権利者であることを知らなかったこと，ないしはそのことを知ってはいてもこれを容易かつ確実に証明し得る証拠方法の存在することを知らなかったことについて，重大な過失があることと解すべきである。そして，こうした「悪意・重過失」の主張・立証責任は，手形金支払の免責を否定する者にある（大阪高判昭57・12・17判時1077・134）。必要な調査をすれば，無権利者であることを証明すべき証拠方法を確実に得ることができたと認められるにもかかわらず，振出人が支払をしてしまった場合，かかる支払には「重過失」が認められる（最判昭44・9・12判時572・69）。

他方，満期前の支払については，満期における場合と異なり，支払人は支払を強制される立場にない。したがって手形法40条3項にいう，「悪意・重過失」の免責力を受けられず，支払人はもっぱら自己の危険において支払うことになる（同条2項）。要するに，満期前に支払をする支払人は，真の権利者に支払ったのでなければ支払は無効とされ，真の権利者に対して二重に支払わなければならない危険を負うことになる。

【電子記録債権法では‥⑮】
電子記録債権の消滅と支払免責

電子記録債権法は，民法の一般原則に則って，弁済・相殺・時効消滅等により，電子記録債権は消滅するという立場を採った。すな

わち，支払等記録（24条）は電子記録債権の消滅の要件ではなく，債権消滅事由の存在は支払等記録がなされるまでは，当事者間の人的抗弁となる。なぜなら，弁済等についても電子記録を効力発生要件としてしまうと，電子記録を行うまでは，その当事者間でも弁済等による電子記録債権の消滅の効力を主張できないことになり，不合理な結論となってしまうからである。

　そして，「電子記録名義人は電子記録債権を適法に有すると推定され」（9条2項），このような電子記録名義人としての外観を信頼して支払をした債務者を免責して，取引の安全を保護すべく手形法40条3項に倣って設けられたのが電子記録債権法21条である。すなわち，「電子記録名義人に対してした電子記録債権についての支払は，当該電子記録名義人がその支払を受ける権利を有しない場合であっても，その効力を有する。ただし，その支払をした者に悪意又は重大な過失があるときは，この限りでない」と規定されている。この電子記録債権法21条但書にいう「悪意又は重大な過失」の意味は，同法同条が，手形法40条3項に倣って設けられたという背景を踏まえれば，「電子記録債権者として記録されている者の無権利を知っており，かつそのことを立証しうる確実な証拠をもっていながら故意に支払うこと（＝悪意），または，通常の調査をすれば電子記録債権者として記録されている者の無権利を知ることができ，かつそのことを立証すべき確実な証拠も取得することができたにもかかわらず，この調査を怠ったため無権利者に支払うこと（＝重大な過失）」と解釈されることになろう。

　なお，電子記録債権については，支払期日前の支払についても支払免責の対象となると解される。なぜなら，電子記録債権法には，手形法40条2項のような規定もないうえに，支払免責に関する電子記録債権法21条の規定は，支払免責の規定を支払期日の支払に限定していないからである。

Ⅲ-8-6 遡　求

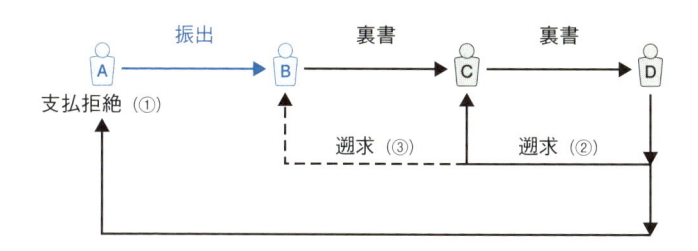

```
            振出        裏書        裏書
    Ⓐ ────────▶ Ⓑ ────────▶ Ⓒ ────────▶ Ⓓ
支払拒絶(①)       ▲           ▲
   ▲             └─ 遡求(③) ──┴─ 遡求(②) ──┐
   │                                         │
   └─────────────────────────────────────────┘
```

　約束手形の所持人が満期に適法な支払呈示をして手形金を請求したが支払を拒絶された場合に，所持人は担保責任を負っている前者である裏書人に対して手形金の支払を求めることができる。これが，遡求の制度である（手形法43条1文）。遡求の実質的要件は以上のようなものだが，支払についての拒絶証書作成期間（支払呈示期間）内に，支払拒絶証書を作成することが遡求の形式的要件となる（同法77条1項4号・44条1項・2項）。ここに支払拒絶証書とは，手形の支払が拒絶されたという事実を証明する目的で作成される公正証書であり，所持人の依頼に基づき公証人または執行官が作成する（拒絶証書令1条）。一般に使われる統一約束手形用紙の裏書欄（および統一為替手形用紙の表面）には「拒絶証書不要」の文言が印刷されており，拒絶証書の作成があらかじめ免除されている（手形法46条1項。巻末資料13, 14参照）。

　手形の満期が裏書人の同意を得ないで訂正された場合，裏書人は，訂正前の満期に従って遡求権保全手続がとられることを条件として遡求義務を負う（最判昭50・8・29判時793・97）。手形法77条1項4号は，「支払拒絶による遡求」と規定しているが，振出人の破産の場合など43条各号に規定する場合には，既に振出人の信用が失

墜して，満期まで待っても支払いを受けられる可能性が極めて小さいので，約束手形についても満期前の遡求が認められるべきである。

約束手形の第一・第二裏書が，共に振出人の手形債務を保証する趣旨でなされた場合，第二裏書人が遡求義務を履行して手形を受戻し第一裏書人に遡求したときは，第一裏書人は共同保証人間の求償権の規定（民法465条1項）に従った限度でのみ遡求に応じれば足り，特約がなければ裏書人間の負担部分は平等となる（最判昭57・9・7民集36・8・1607）。

なお，振出地法に従えば有効な基本手形であっても，裏書人に対する遡求権行使のための呈示の効力の判断は裏書地法に従うべきである。その前提たる手形要件の内容も，裏書地法に従う（東京地判平8・9・12判時1590・140）。

Ⅲ-8-7　消滅時効

手形上の債務は，迅速な支払決済を目的とするものであるため，手形の法律関係を迅速に結了させる必要があり，短期消滅時効が定められている。具体的には，約束手形の振出人に対しては，満期日から3年であり（70条1項），裏書人に対する遡求権については1年である（同条2項）。なお，たとえ振出人に対する手形金請求権が時効消滅したとしても，手形割引依頼人の割引手形買戻義務まで消滅するわけではない（大阪高判昭54・9・5判時953・118）。

手形行為独立の原則（Ⅲ-2-3参照）に基づき，各々の手形債務はそれぞれ別個独立の債務であり，ある者の債務が消滅しても，他の者の債務には影響を及ぼさないのが原則である。時効中断の効力も，その中断の事由が生じた者に対してのみその効力を生ずるのであり，これを時効中断の人的効力という（71条）。例えば，共同振出人の1人

のためにその手形債務の時効が完成しても，これを他の共同振出人が援用することはできない（高松高判昭34・4・27高民12・3・115）。手形保証（Ⅲ-9参照）についても，民法457条の適用が排除されるので，主債務者に対して生じた時効中断の効力が，直ちに手形保証人に対しても生ずるものではない（福岡高判昭33・10・17高民11・8・533）。

しかし，手形法上，遡求義務者は主たる手形債務者に対して二次的性格を有している。よって，主たる手形債務者に対する請求権が時効消滅した場合には，遡求義務者は主たる手形債務者の時効消滅を援用して支払を拒めると解される（大判昭8・4・6民集12・551）。もっとも，約束手形の裏書人が，自己の償還義務について，時効期間経過後に，所持人に対し消滅時効の利益の放棄ないし債務の承認をした上，償還義務を履行しないでいる間に振出人の手形金支払債務が時効消滅したのに乗じて，自己の償還義務も消滅したと主張することは，信義則に反し許されないと判示された（最判昭57・7・15民集36・6・1113）。

民法147条1号は時効中断事由の1つとして，「裁判上の請求」をあげる。手形債権に基づく破産宣告（破産手続開始）の申立ては，債権の消滅時効の中断事由である「裁判上の請求」に該当する（最判昭35・12・27民集14・14・3253）。手形権利者が，手形を所持せずに手形債務者に対して裁判上の請求をした場合でも，右手形債権の時効中断の効力が生じる（最判昭39・11・24民集18・9・1952）。手形金請求の訴え提起の当時，裏書の連続を欠いていても，原告がその手形の実質的権利者であれば，その訴え提起により時効中断の効力が生ずる（最判昭57・4・1判時1046・124）。時効中断のための「催告」（民法153条）については，手形の呈示を伴う請求である必要はない（最大判昭38・1・30民集17・1・99）。また，手形債務の

「承認」(同法147条3号) も,手形の呈示の有無にかかわらず,時効中断の効力が生じる (大判大4・9・14民録21・1457)。

約束手形の所持人と裏書人との間において,裏書人の手形上の債務につき支払猶予の特約がなされた場合には,その支払猶予期間が満了した時点から,所持人の裏書人に対する手形上の請求権の消滅時効が進行する (最判昭55・5・30民集34・3・521)。原因債権の消滅時効が完成しない間に,手形債権者が手形債権につき支払命令を申し立て,その確定を得て手形債権の時効を中断した場合には,民法174条の2によりその消滅時効期間が10年に延長され,原因債権の消滅時効期間もその時点から10年へと変更される (最判昭53・1・23民集32・1・1)。

なお,買取銀行の請求によらずに当然に発生する買戻請求権 (Ⅲ-1-2参照) の消滅時効期間は,支払拒絶の通知が到達した翌日より5年間である (東京高判平15・1・27金法1675・63)。

【電子記録債権法では‥⑯】
電子記録債権の消滅時効

電子記録債権の消滅時効については,電子記録債権法23条に規定があり,手形債権と平仄を合わせて (手形法70条1項) 3年とされた。譲渡人が電子記録保証をした場合でも,その法的性質は裏書人の担保責任 (消滅時効は1年 (同法同条2項)) に類似するものの,やはり消滅時効は3年と規定されている。その理由は,電子記録保証をした者が,譲渡人か否かで消滅時効期間に差を設けるのは合理的ではないと考えられたからである。なお,時効の起算点は,「権利を行使することができる時から進行する」(民法166条1項) という民法の原則に従う。

Ⅲ-8-8　公示催告と除権決定

　手形上の権利者が，手形を盗難された場合，それにより直ちに権利を失うわけではない。しかし，手形上の権利は，証券と固く結合しており，証券なくして権利の行使はできない。そこで，手形が盗難されたような場合に，権利と証券との結合を切り離し，権利者に証券なしに権利の行使を可能とさせる制度を用意した。これが，公示催告・除権決定の制度である（非訟事件手続法141条以下）。公示催告・除権決定の具体的手続きは，以下のようである。

　まず申立人は，裁判所に対して，手形の盗難の事実を疎明し，裁判所は，申立てを適法と認めると，公示催告の公告をする。公示催告期間中でも，第三者は善意取得（Ⅲ-6-4参照）することが可能である。そして，他の権利者が権利を争う旨を申述しないときは，当該手形は無効なものと宣言されることになる（除権決定）。

　この除権決定により，申立人は手形を所持するのと同じ形式的資格を回復する（積極的効力）。当該手形は，除権決定以後，それによる権利行使も善意取得もできなくなる（消極的効力）。もっとも，除権決定以前に善意取得した者の実質的権利は，除権決定により消滅するのではない（最判昭47・4・6民集26・3・455）。除権決定は，申立人が実質上手形権利者であることを確定するわけではないのである（最判平13・1・25民集55・1・1）。除権決定以後，当該手形は無効となるから，その権利を行使するためには，所持人は自己の実質的権利を証明しなければならない。

　なお，喪失した白地手形について除権決定を得た所持人が，手形外で白地を補充する旨の意思表示をしても，それによって白地補充の効力は生じない。白地手形につき除権決定を得た者は，喪失手形と同一内容の手形の再発行請求権を有しない（最判昭51・4・8民集30・3・

183)。

Ⅲ-8-9 利得償還請求権

　手形上の権利については，厳格な権利保全手続（Ⅲ-8-6 参照）や短期消滅時効（Ⅲ-8-7 参照）の規定があり，手形所持人が手形上の権利を失ってしまうことが多い。その場合に，手形債務者が手形債務を免れるとともに手形の授受に関連して取得した資金を保有できるのは，衡平に反する。そこで，手形法 85 条は利得償還請求権の制度を設けて，手形の所持人は，手形債務者に対してその受けたる利益の限度において償還の請求をなし得るとして，当事者間の衡平を図った。

　ここに「受けたる利益」とは，原因関係上，現実に得た財産上の利益をいう。金員の交付を受けた場合だけでなく，既存債務の支払を免れた場合も含まれる（大判大 5・10・4 民録 22・1848）。そして，既存債務の支払のために A から B へ振り出された約束手形を，B がその額面に相当する金員を取得して C へ裏書したが，C が B に対する原因関係上の権利を有しない場合，C の手形上の権利がすべて時効により消滅したときは，A は同条にいう「利益」を受けたことになると判示された（最判昭 43・3・21 民集 22・3・665）。利得償還請求権の権利者は，手形上の権利の消滅時における手形権利者である。償還義務者は，振出人・裏書人に限られる（85 条）。

　利得償還請求権の発生要件は，第一に，手形上の権利の消滅時に，手形要件を具備した手形が存在し，手形上の権利が有効に存在していたことである。第二に，手形上の権利が，手続の欠缺または時効によって消滅したことである。ただし，利得償還請求権が発生するためには，手形債務者が時効を援用したことは必要とされない（大判大 8・6・19 民録 25・1058）。この点，原因債務の支払のために A

がBへ手形を振り出し，手形上の権利が時効により消滅した後，原因債権も時効により消滅した場合は，その消滅はBがその行使を怠った結果に他ならず，Aが手形上の権利の消滅により利得したものとはいえないと判示された（最判昭38・5・21民集17・4・560）。第三に，利得償還請求権が生ずるためには，他の全ての手形債務者に対する手形上の権利が消滅したことが必要とされ，たとえ所持人が振出人に対する手形上の権利を失っても，引受人に対して手形上の権利を行使することができる場合は，引受人が無資力であるときのみ，振出人に対する利得償還請求権が発生する。手形上の権利が時効で消滅しても，手形所持人が既存の民法上の債権を行使することができるときは，利得償還請求権は発生しない（大判昭3・1・9民集7・1）。

利得償還請求権を行使したり譲渡する場合，除権決定の取得や手形の所持は必要とされない。すなわち，利得償還請求権は一種の指名債権であり，これを裁判上行使する場合には，他に善意取得者が現れる不安はないので，除権決定の取得を要しないとされる（東京地判平6・3・10金法1402・37）。また，利得償還請求権は手形上の請求権ではないので，これを譲渡するには通常の債権譲渡の手続による他なく，裏書により譲渡することはできない（大判大4・10・13民録21・1679）。

利得償還請求権は手形上の権利の変形物と見るべきであり，商法501条4号にいう「手形……に関する行為」によって生じた債権に準じて考えられるため，その消滅時効期間については，同法522条が類推適用され5年と解すべきであり，その起算点は手形上の権利が消滅したときである（最判昭42・3・31民集21・2・483）。

【電子記録債権法では‥⑰】
電子記録債権と利得償還請求権

　電子記録債権法には，利得償還請求権（手形法85条）のような規定は存在しない。手形法において利得償還請求権を認めた趣旨は，遡求権の保全手続が厳格であり，特別の短期消滅時効が存在するという点に求められる。しかし，電子記録保証人（Ⅲ-9・第Ⅲ編コラム⑱参照）の場合には，かかる趣旨が妥当しない。特別求償権（電子記録債権法35条）の行使に特段の手続は不要であるし，また時効期間も3年とされているからである。

　そもそも，電子記録債権と原因債権とを並存させておくことは可能であり（Ⅲ-1・第Ⅲ編コラム③参照），仮に原因債権を消滅させたとしても，あえてそうした以上は不利益を被っても仕方ないという価値判断も背景にあるといえよう。

Ⅲ-9 手形保証

Ⅲ-9-1 手形保証独立の原則

手形保証（手形法30・31・32条，77条3項）とは，ある者が特定の手形債務者のために，その者を被保証人として，手形上で保証することをいう。約束手形の振出人のために，その受取人との間で手形外の民事上の保証がなされた場合，保証債務は主たる債権の移転とともに移転する。そして，主たる債権の譲渡につき対抗要件が具備されれば，保証債権の譲渡については別段の対抗要件は必要とされない。以上のことは，主たる債権が手形債権の場合でも変わらない（最判昭45・4・21民集24・4・283）。

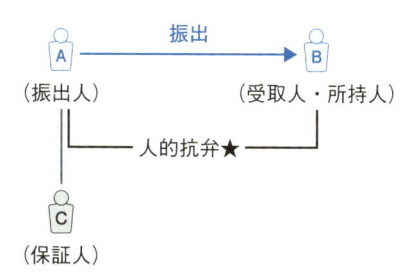

```
         振出
  A ───────────→ B
(振出人)       (受取人・所持人)
  │              
  │──── 人的抗弁★ ────
  │
  C
(保証人)
```

手形保証独立の原則とは，その担保した債務が，方式の瑕疵を除き他のどのような事由によって無効となっても，有効であることをいう（32条2項，手形行為独立の原則につき，Ⅲ-2-3参照）。かかる手形保証の独立性と人的抗弁の個別性（Ⅲ-7-6参照）とを前提とすれば，振出人Aが受取人Bに対して有する人的抗弁★を，保証人Cは援用することができないことになりそうである。しかし，所持

人Bは，Aに手形金請求すると人的抗弁を主張されてしまう。このような場合，Bは，手形保証人Cに対しても，権利を行使すべき実質的理由を失っているといえる。したがって，BがCに対して手形金を請求するのは，権利の濫用にあたり許されない（最判昭45・3・21民集24・3・182）。

Ⅲ-9-2　隠れた手形保証

　隠れた手形保証とは，手形保証を目的として，他の形式の手形行為（振出，裏書等）をすることをいう。手形保証をすると，振出人等の支払能力に関して信用不足を表明することにもなりかねないので，隠れた手形保証が利用される。この場合，その保証という実質ではなく，振出，裏書等という形式に基づいて法律関係が判断されることになる。

【電子記録債権法では‥⑱】
電子記録保証

　電子記録保証とは，電子記録債権に係る債務を主たる債務とする保証であって，保証記録をしたものをいう（2条9項）。保証記録は，債権者（電子記録権利者）と電子記録保証人（電子記録義務者）の双方の請求によって行われる（5条1項）。電子記録保証に係る電子記録債権は，保証記録をすることによって生ずる（31条）。電子記録保証によって生じた債務を電子記録保証債務といい（22条2項括弧書），電子記録保証をした者を電子記録保証人という（15条括弧書）。一部保証も可能である（32条2項1号）。

　電子記録保証債務は，その主たる債務者として記録されている者がその主たる債務を負担しない場合においても，その効力を妨げられないこととされており（33条1項），電子記録保証の独立性が認

められている。これは，電子記録債権が手形の代替として活用されることも想定されていることに鑑みて，手形保証（手形法32条）と同様の債務内容をもった保証債務の創設を意図したものである。電子記録債権が，電子記録保証人の信用によって譲渡されることがある点に鑑みれば，主たる債務者がその意思表示の無効等によって債務を負担しない場合でも，電子記録保証人は電子記録保証債務を負担するのが相当であるから，電子記録保証債務の独立性が認められたのである。これにより，民法上の保証にはない信用補完機能が期待できる。ただし，消費者保護の観点から，電子記録保証人が個人である場合には，電子記録保証の独立性を定めた33条1項の規定は適用されないことになる（同条2項）。

　また，電子記録債権法34条は，民法等の適用除外を定めており，民法452条（催告の抗弁）・453条（検索の抗弁）の規定が排除されていることから，電子記録保証には補充性はない。さらに，民法457条（主たる債務者について生じた事由の効力）の規定も排除されていることから，主たる債務者に対する時効中断の効果は電子記録保証人には及ばないうえ，電子記録保証人は，主たる債務者が有する債権による相殺をもって，債権者に対抗することもできない。ただし，消費者保護の趣旨から，電子記録保証人が個人である場合には，当該電子記録保証人は，主たる債務者の債権による相殺をもって，債権者に対抗することができるとされている（電子記録債権法34条2項）。

III-10 為替手形

III-10-1 意　義

為替手形（巻末資料14参照）とは，振出人の支払人へ宛てた，受取人または所持人に対して一定金額を支払うべきことを委託する旨の文言を記載した証券である（1条・2条。手形要件について，III-3-1参照）。支払人と受取人とは同一人であってよい（大判大13・12・25民集3・570）。約束手形の振出人は，主たる手形債務者として絶対的な義務を負う。これに対して，為替手形の場合は，支払人が引受をして初めて，主たる手形債務者になるにすぎず（手形法28条），振出人は支払人の引受および支払に対して，担保責任を負うのみである。ここに引受とは，為替手形の支払人がなす，手形金額支払の債務を負担する手形行為をいう。引受人が手形の所持人に対して現実に支払をし，または所持人から債務の免除を受けた場合，振出人，裏書人等の債務はすべて消滅する（大判大11・11・25民集1・674）。為替手形の所持人は，満期の前日までに支払人に対して，引受のための呈示（引受呈示）をすることができる。この点，満期後でも，支払人が引き受ければ引受としては有効だが，当然に遡求権を行使することはできなくなる。

III-10-2 振出の法的性質

為替手形の振出は，振出人が，①支払人に対して，支払人の名をもって，振出人の計算において支払をする権限を授与すると共に，

②受取人に対して，受取人の名をもって，振出人の計算において支払を受ける権限を授与することを同時に行うものであると解される（支払指図説）。

III-11　小　切　手

III-11-1　意　義

　小切手（巻末資料 15 参照）とは，振出人が支払人（銀行）に宛てた，所持人に対して一定金額を支払うべきことを委託する旨の文言を記載した証券である（小切手法と手形法の構造の比較について，巻末資料 19 参照）。受取人の記載のない小切手は，持参人払式小切手とみなされる（小切手法 5 条 3 項）。支払人の資格は，為替手形については限定はないが，小切手については，銀行または法令によりこれと同視されるものに限られる（同法 3 条）。これは，小切手の支払証券としての確実性を担保する趣旨である。小切手が有するこうした支払いの確実性から，銀行振出しの自己宛小切手による提供は，特段の事情のない限り，債務の本旨に従ってなされた履行の提供と認められる（最判昭 37・9・21 民集 16・9・2041）。支払人による引受は，為替手形については行うことができるが（手形法 28 条 1 項，III-10-1 参照），小切手については禁じられている（小切手法 4 条）。これは，小切手の信用証券化を防止する趣旨である。

　小切手の振出人と支払銀行との間には，当座勘定取引契約（小切手契約，III-1-3 参照）が存在する。他行小切手による当座預金への入金は，当該小切手の取立委任と，その取立完了を停止条件とする当座預金契約である。したがって，その取立完了前においては，特別の約定がない限り，受入金融機関には，当該小切手の金額に見合う当座預金支払義務はない（最判昭 46・7・1 判時 644・85）。また，支払銀行は，顧客である振出人に対して，小切手契約に基づき小切

手の支払義務を負うにすぎず，所持人が銀行に対して小切手の支払を求める訴権はない。

　小切手の経済的機能は，もっぱら現金通貨による支払に代わる機能に尽きる。常に一覧払とされ（小切手法28条1項），満期の記載は許されていない。小切手は現金代用物としての性質上，短期の決済を図るため満期の記載は認められていないのである。

　小切手の所持人は，支払呈示期間内に支払人たる銀行に呈示したにもかかわらず，支払いがなされない場合は，振出人や裏書人に対して遡求できる（小切手法39条）。ただし，同法同条2号による支払人の支払拒絶宣言は，小切手自体に記載されることが必要であり，補箋になされた支払拒絶宣言は遡求権保全の要件を満たさないとされる（大判昭12・2・13民集16・112）。支払呈示期間は，振出日とそれに次ぐ10日間である（同法29条1・4項）。現実に振り出された日ではなく将来の日が振出日として記載された先日付小切手の場合，右振出日が到来していなくとも支払の請求が可能である（同法28条2項）。銀行振出しの自己宛小切手が，その呈示期間経過後に引渡しによって譲渡された場合には，善意取得（同法21条）の規定は適用されない（最判昭38・8・23民集17・6・851）。また，ある銀行が振出した自己宛小切手の盗取者Aが，呈示期間経過後にBへ譲渡し，さらにBがCへ譲渡した場合，Cは期限後の譲受人にすぎず，したがって，右銀行がCへ支払いをする際に，Cは期限後の譲受人であることを知っていた以上，その支払いには過失があると判断された事例もある（最判昭39・12・4判時391・7）。

　所持人の裏書人に対する遡求権の時効期間は，呈示期間経過後6カ月である（小切手法51条1項）。小切手において遡求権行使の可能な期間が手形の場合（手形法77条1項8号・70条2項）に比べて短期になっているのは，小切手が短期決済を目的としており，その

流通期間も短期であることが考慮されたためである。

　もし，小切手を盗取された権利者が，失権当時小切手の現実の所持を有せず，除権決定（Ⅲ-8-8参照）を得ていなかったとしても，第三者が小切手上の権利を取得せず，被盗取者において実質的権利者であることを失っていないのであれば，利得償還請求権（Ⅲ-8-9参照）を取得することになる（最判昭34・6・9民集13・6・664）。なお，旅行者小切手（トラベラーズチェック）の購入者が，購入時に消え難いインクによって署名を行わずに右小切手を紛失したような場合には，購入契約上の払戻請求の他，小切手法上の権利行使も認められない（東京地判平2・2・26金判855・34）。

Ⅲ-11-2　線引小切手

　小切手は，持参人払式で振り出されることが多く，また，一覧払であるため，その盗難や紛失の場合に不正の所持人が支払を受けてしまう危険性が高い。そこで，小切手法は線引小切手の制度を設けた（同法37条・38条）。線引小切手とは，振出人または所持人が小切手の表面に二本の平行線を引いたものである（巻末資料15参照）。小切手面上に二本の平行線が引かれ，線内に何も書かれていない，あるいは，「銀行」，「Bank」またはこれと同一の意義を有する文字を記載したものを，一般線引小切手と呼ぶ。一般線引の効力を排除する旨の当事者間の合意は，右当事者間においては有効である（最判昭29・10・29金判529・13）。これに対して，線内に特定の銀行が指定されているものを，特定線引小切手という。支払人（銀行）は，こうした線引小切手については，自己の取引先または銀行に対してのみ，支払うことが許される。これにより，不正の所持人が支払を受けてもその者を容易に知ることができ，責任を追及することができ

るので,盗難・紛失等の被害者が救済されるのである。

なお,線引小切手の振出人が,その雇人へ右小切手を交付し第三者に対する送付を命じたが,右雇人がこれを窃取して受取人の記載を抹消し,振出人の代理人を装って支払銀行に支払を求めた場合,受取人の記載が抹消されたにもかかわらず訂正印がないことや小切手裏面に受取文句がない等の事情があるにもかかわらず,右小切手の支払をした支払銀行には過失があり,民法110条は適用されないと判示されたことがある(大判昭15・7・20民集19・1379)。

Ⅲ-12　手形・小切手訴訟

Ⅲ-12-1　意　義

　手形訴訟とは，手形による金銭の支払の請求およびこれに附帯する法定利率による損害賠償の請求を目的とした簡易・迅速な訴訟であり，民事訴訟法350条から366条に規定が設けられている。小切手訴訟については，手形訴訟の規定が準用されている（同法367条1・2項）。

　手形訴訟については，次節（Ⅲ-12-2参照）で詳述するように，通常の民事訴訟とは異なる簡易・迅速な手続きが採用されていることから，形式的に「手形」を用いた債権者による濫用の惧れがある。以下の判旨は，金銭貸付債権者が，主債務者・連帯保証人に共同振出手形に基づいて提起された手形訴訟に関するものであるが，上述した債権者による濫用の惧れについて詳細に述べる。すなわち，私製手形には，手形としての金銭支払の手段性や信用利用の用具性（Ⅲ-1-2・Ⅲ-1-4参照）が全く認められず，形式的には手形法に合致するように手形要件（Ⅲ-3-1参照）が記載されているものの，手形としての本来の性質を全く見出せず，手形法の趣旨を逸脱して作成されている。金銭貸付債権者は，主債務者・連帯保証人にかかる私製手形を振り出させたうえで手形訴訟を利用することによって，主債務者・連帯保証人の抗弁を封じ，かつ，簡易・迅速に債務名義を取得して，彼らに対して強制執行手続をかけ，または同手続をすることを示して圧力をかけて金銭の取立てをすることを目的としている。したがって，金銭貸付債権者が私製手形に係る手形金を請求するため提起する手形訴訟は，手形制度および手形訴訟制度を濫用

したものとして不適法である，と判示されている（東京地判平 15・11・17 判時 1839・83）。

III-12-2　手　　続

　手形訴訟を求める旨の申述は，訴状に記載して行う（民事訴訟法 350 条 2 項）。手形債権者が簡易・迅速な審判を求めるならば，その手続の利用によって受ける利益を保護する必要があるから，手形債務不存在確認訴訟の係属中に手形訴訟を提起することは，二重起訴の禁止（民事訴訟法 142 条）に抵触しない（大阪高判昭 62・7・16 判時 1258・130）。例えば，A の B に対する手形債務不存在確認訴訟が係属しているときでも，B は A に対して右手形に関する手形訴訟の別訴を提起することができる。

　手形訴訟においては，反訴の提起ができない（同法 351 条）。訴訟の複雑化を回避する趣旨である。また，証拠調べは，書証に限りすることができる（352 条 1 項）。その趣旨は，即時に取調べが可能な文書に証拠を限定することによって，審理の迅速性を確保する点にある。ただし，例外として，文書の成立の真否または手形の提示に関する事実については，当事者尋問をすることができる（同条 3 項）。手形訴訟においては，やむを得ない事由がある場合を除き，一回の口頭弁論期日において，審理を完了する必要がある（民事訴訟規則 214 条）。原告は，口頭弁論の終結に至るまで，通常の訴訟手続に移行させる旨の申述ができる（民事訴訟法 353 条 1 項）。

　手形訴訟の終局判決に対しては，原則として控訴することができず（同法 356 条本文），不服のある当事者は異議の申立てを行う（357 条）。適法な異議があれば，訴訟は通常の手続によって審理・裁判が行われることとなる（361 条）。なお，手形債務不存在確認訴訟の

係属中に提起された手形訴訟が，手形判決に対する異議申立てにより通常訴訟に移行した場合であっても，この通常訴訟は二重起訴とはならない（東京地判平 3・9・2 判時 1417・124）。そして，異議訴訟における判決が，手形訴訟の判決と符合するときは手形訴訟の判決を認可し（362 条 1 項），符合しないときは手形訴訟の判決が取り消されることになる（同条 2 項）。

【電子記録債権法では‥⑲】
電子記録債権と簡易な訴訟制度

　手形・小切手訴訟（簡易な訴訟制度）のような特別の訴訟制度が，電子記録債権法には用意されていない。手形訴訟の大きな特色は，証拠方法が原則として手形その他の文書に限られていることであり，もっぱら審理の迅速をねらったものである。

　このように，手形訴訟は証拠制限（書証）を中核とする制度であるが，電子記録債権については多様な任意的記載事項を認めていることもあり（第Ⅲ編コラム⑥，Ⅲ-3-2 参照），右記録に関する解釈・効力に関して多くの争いが生じることが予想される。よって，証拠制限等がある簡易な訴訟での審理にはなじまないといえよう。

巻末資料

【巻末資料 1】 商業登記（商号・支配人の登記）の例 ………… 184
【巻末資料 2】 商法総則・商行為法における条数対応表 …… 185
【巻末資料 3】 債務引受の挨拶状の例 ……………………… 188
【巻末資料 4】 営業譲受け公告の例（債務を引き継がない旨が明記された場合）……………………………………… 189
【巻末資料 5】 総勘定元帳（一部）の例 ……………………… 190
【巻末資料 6】 貸借対照表（要旨）と損益計算書（要旨）の例 …… 191
【巻末資料 7】 売主の担保責任に関する民法の規定 ………… 192
【巻末資料 8】 結 約 書 …………………………………… 193
【巻末資料 9】 運送状の例 ………………………………… 194
【巻末資料 10】 貨物引換証 ………………………………… 194
【巻末資料 11】 倉荷証券 …………………………………… 195
【巻末資料 12】 荷渡指図書 ………………………………… 196
【巻末資料 13】 約束手形 …………………………………… 197
【巻末資料 14】 為替手形 …………………………………… 198
【巻末資料 15】 小 切 手 …………………………………… 199
【巻末資料 16】 電子記録債権の基本的イメージ ……………… 200
【巻末資料 17】 手形債権・電子記録債権・指名債権の比較一覧表 …… 202
【巻末資料 18】 裏書の効力 ………………………………… 203
【巻末資料 19】 手形法と小切手法の構造比較表 ……………… 204

【巻末資料1】商業登記（商号・支配人の登記）の例

商号	葵屋
営業所	東京都新宿区神楽坂七丁目2番5号
商号使用者の氏名及び住所	東京都新宿区市谷台町23番5号 目黒太郎
営業の種類	和菓子の製造販売

支配人の氏名及び住所	東京都新宿区東五軒町7番18号 田端一郎
商人の氏名及び住所	東京都新宿区市谷台町23番5号 目黒太郎
支配人を置いた営業所	東京都渋谷区千駄ヶ谷八丁目7番3号

【巻末資料2】商法総則・商行為法における条数対応表
（凡例：「1」は「1条」，「①」は「1項」，「一」は「1号」を表す）

■ 商法総則における条数対応

【旧】商法	【現】商法		会社法
	第1編　総則（すべて現代語化）		
	第1章　通則		
	1①　　趣旨等		1
1	1②		－
2	2　　公法人の商行為		－
3	3　　一方的商行為		－
	第2章　商人		
4	4　　定義		－
5	5　　未成年者登記		－
6			584
7	6　　後見人登記		－
8	7　　小商人		－
	第3章　商業登記		
9	8　　通則		907
10			930
11			
12	9①　　登記の効力		908①
13			
14	9②		908②
15	10　　変更の登記及び消滅の登記		909
	第4章　商号		
16	11①　　商号の選定		6①
17			6②
18①			7
18②			978二
19			
20			
21	12　　他の商人と誤認させる名称等の使用の禁止		8
22	13　　過料		978三
23	14　　自己の商号の使用を他人に許諾した商人の責任		9
24	15　　商号の譲渡		
25	16　　営業譲渡人の競業の禁止		21
26	17①②　　譲渡人の商号を使用した譲受人の責任等		22①②

【旧】商法	【現】商法	会社法
27	17④	22④
28	18① 譲受人による債務の引受け	23①
29	17③・18②	22③・23②
30		
31		
第5章 商業帳簿		
32①	19②	432①・615①
32②	19①	431・614
33①		432①・615①
33②③④		435①・617①②
33ノ2		432①・435③・615①・617③
33ノ2①		492
34		432①・615①
35	19④	434・443・616・619
36	19③	432②・615②
36①		435④・617④
第6章 商業使用人		
37	20 支配人	10
38	21 支配人の代理権	11
39		
40	22 支配人の登記	918
41	23 支配人の競業の禁止	12
42	24 表見支配人	13
43	25 ある種類または特定の事項の委任を受けた使用人	14
44	26 物品の販売等を目的とする店舗の使用人	15
45		
第7章 代理商		
46	27 通知義務	16
47	27	16
48	28 代理商の競業の禁止	17
49	29 通知を受ける権限	18
50	30 契約の解除	19
51	31 代理商の留置権	20

【旧】商法	【現】商法	会社法
	第8章　雑則	
	32	

■ 商行為法における条数対応

【旧】商法	【現】商法	会社法
	第2編　商行為	
	第1章　総則	
501〜523	（現代語化）	−
		−
503①	（現代語化）	5
503②	（現代語化）	−
523		5
	第2章　売買	
524〜528	（現代語化）	
	第3章　交互計算	
529〜534	（現代語化）	
	第4章　匿名組合	
535〜542	（現代語化）	
	第5章　仲立営業	
543〜550	同左	
	第6章　問屋営業	
551〜558	同左	
	第7章　運送取扱営業	
559〜568	同左	
	第8章　運送営業	
569〜592	同左	
	第9章　寄託	
593〜628	同左	

【巻末資料3】債務引受の挨拶状の例

謹啓　時下ますますご清栄のこととお慶び申し上げます。平素は格別のご高配を賜り、厚く御礼を申し上げます。

さて、当店は平成〇〇年〇月〇日をもちまして、〇〇屋（〇〇県〇〇市〇〇町〇丁目〇番〇号）の営業全部を譲受けいたしました。

これによって譲渡人〇〇屋の商号は使用いたしませんが、お取引をいただきました各位にご迷惑をかけることのないよう、〇〇屋の債権及び債務については、当店においてお引受けをいたします。

これまで〇〇屋に賜りました長年のご厚情に心から感謝申し上げますと共に、当店に倍旧のご支援お引立てを賜れますようお願い申し上げます。

まずは略儀ながら書中をもちましてご挨拶を申し上げます。

敬具

平成〇〇年〇月

〇〇県〇〇市〇〇町〇番〇号
〇〇〇〇呉服店　〇〇〇〇

【巻末資料4】 営業譲受け公告の例（債務を引き継がない旨が明記された場合）

営業全部の譲受け公告

株 主 各 位

　当社は、平成14年6月5日付営業譲渡契約締結により、平成14年6月21日をもって株式会社アスキーイーシー（本店所在地　東京都渋谷区代々木4丁目33番10号）の営業全部を譲受けることといたしました。つきましては、その要領を商法第245条ノ5第2項により下記のとおり公告いたします。この営業譲受けは、商法第245条第1項に定める株主総会の承認を得ずに行いますので、これに反対の株主は、本公告掲載の翌日から2週間以内に書面によりその旨をお申し出ください。

平成14年6月6日
東京都渋谷区渋谷3丁目3番5号
株式会社オン・ザ・エッヂ
代表取締役社長兼最高経営責任者　堀江貴文

記

1. **譲受けの理由**　業容の拡大を図るため
2. **譲受け時期**　平成14年6月21日（予定）
3. **譲受け財産**
   1) 営業用資産および営業の遂行に必要な契約関係
   2) 譲渡会社の債権及び債務は原則引き継がない

以　上

（日本経済新聞2002年6月6日）

注：上記公告中の「商法第245条ノ5第2項」は現在の会社法469条3・4項、「商法第245条第1項」は現在の会社法467条に相当する。

【巻末資料5】総勘定元帳（一部）の例

総勘定元帳

現　金

日	付	摘　要	仕丁	借　方	日	付	摘　要	仕丁	貸　方
4	4	資本金	1	300	4	16	交通費	1	5
4	19	売掛金	1	350	4	18	光熱費	1	15
					4	20	買掛金	2	360
					4	21	未払金	2	60
					4	21	通信費	2	25
					4	25	支払保険料	2	12

売　掛　金

日	付	摘　要	仕丁	借　方	日	付	摘　要	仕丁	貸　方
4	15	売　上	1	150	4	19	現　金	1	350
4	16	売　上	1	350					
4	25	売　上	2	200					

建　物

日	付	摘　要	仕丁	借　方	日	付	摘　要	仕丁	貸　方
4	4	資本金	1	600					

買　掛　金

日	付	摘　要	仕丁	借　方	日	付	摘　要	仕丁	貸　方
4	20	現　金	2	360	4	7	仕　入	1	100
					4	12	仕　入	1	260
					4	16	仕　入	1	280

未　払　金

日	付	摘　要	仕丁	借　方	日	付	摘　要	仕丁	貸　方
4	21	現　金	2	60	4	11	備　品	1	80

資　本　金

日	付	摘　要	仕丁	借　方	日	付	摘　要	仕丁	貸　方
					4	4	諸　口	1	900

【巻末資料6】 貸借対照表（要旨）と損益計算書（要旨）の例

第 4 期決算公告

平成 22 年 6 月 30 日　　　　　　　　　　　　東京都港区西麻布二丁目 26 番 30 号
富 士 フ イ ル ム 株 式 会 社
代表取締役社長　古森　重隆

貸借対照表の要旨
（平成 22 年 3 月 31 日現在）　　　　　　単位：百万円（単位未満切捨て）

資　産　の　部		負債及び純資産の部	
流　動　資　産	416,408	流　動　負　債	157,576
固　定　資　産	978,830	製品保証引当金	1,558
有　形　固　定　資　産	235,979	そ　　の　　他	156,017
無　形　固　定　資　産	22,145	固　定　負　債	11,973
投資その他の資産	720,705	退職給付引当金	5,386
		役員退職慰労引当金	177
		そ　　の　　他	6,409
		負　債　合　計	169,550
		株　主　資　本	1,211,909
		資　　本　　金	40,000
		資　本　剰　余　金	1,165,418
		資　本　準　備　金	1,165,418
		利　益　剰　余　金	6,490
		その他利益剰余金	6,490
		評価・換算差額等	13,778
		その他有価証券評価差額金	13,778
		純　資　産　合　計	1,225,687
資　産　合　計	1,395,238	負債・純資産合計	1,395,238

損益計算書の要旨
（自 平成 21 年 4 月 1 日　至 平成 22 年 3 月 31 日）　　単位：百万円（単位未満切捨て）

科　目	金　額	科　目	金　額
売　　上　　高	618,533	経　営　利　益	7,056
売　　上　　原　　価	420,735	特　別　利　益	1,000
売　上　総　利　益	197,798	特　別　損　失	48,622
販売費及び一般管理費	185,550	税引前当期純損失	40,565
営　　業　　利　　益	12,247	法人税,住民税及び事業税	△ 150
営　業　外　収　益	9,294	法　人　税　等　調　整　額	△ 19,854
営　業　外　費　用	14,485	当　期　純　損　失	20,561

（日本経済新聞 2010 年 6 月 30 日）

【巻末資料7】売主の担保責任に関する民法の規定

	買主の主観	代金減額請求	解除	損害賠償	行使期間
全部他人物 561条	善意	×	○	○	
	悪意	×	○	×	
一部他人物 563・564条	善意	○	○	○	知った時より1年
	悪意	○	×	×	契約時より1年
数量不足・一部滅失 565 → 563・564条	善意	○	○	○	知った時より1年
	悪意	×	×	×	
用益物権による制限 566条	善意	×	○	○	知った時より1年
	悪意	×	×	×	
担保物権による制限 567条	善意	×	○	○	
	悪意	×	○	○	
隠れた瑕疵 570 → 566条	善意無過失	×	○	○	知った時より1年
	悪意	×	×	×	

【巻末資料8】結 約 書

```
                                            日付：(年月日)

顧客（保険契約者）　　殿
引 受 保 険 会 社　　殿

                              （保険仲立人）
                                商号、名称又は氏名：(捺印)
                                住　　所：
                                登録番号：


                    結約書（No. ○○○○○）

　当社による保険契約の締結の媒介の結果、下記の契約が成立いたしましたので、
ここに本書の交付をもってその内容・条件をご通知申し上げます。
　つきましては、本書記載事項の全てについて、貴社のご依頼内容と合致している
か検証のほどお願い申し上げます。また、修正すべき事項がある場合は、直ちに、
当社までご連絡下さるようお願い申し上げます。

                         － 記 －

1. 保険契約者及び被保険者並びに保険金額を受け取るべき者の商号、名称又は氏
   名及び住所
2. 引受保険者の商号又は名称及び住所
3. 保険契約締結の年月日
4. 保険契約の種類及びその内容
5. 保険の目的
6. 保険価額を定めたときはその価額
7. 保険金額及び複数の保険者が共同して引き受けるときは各保険者の引受割合
8. 保険料及びその支払方法
9. 保険期間を定めたときはその始期及び終期

                                               以　　上

─────────────────────────────────────
上記のとおりの内容で相違ありません。

                  保 険 契 約 者 名　　　　　　　印

                  引 受 保 険 会 社 名　　　　　　印
```

（出所：金融庁「保険会社向けの総合的な監督指針」様式・参考資料編）

【巻末資料9】運送状の例

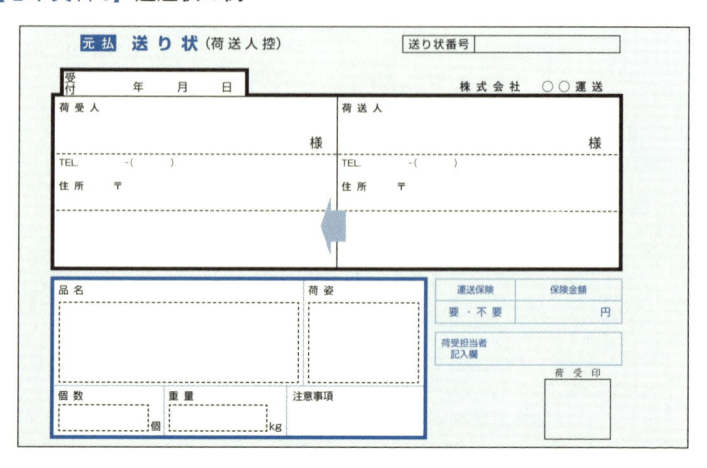

【巻末資料10】貨物引換証

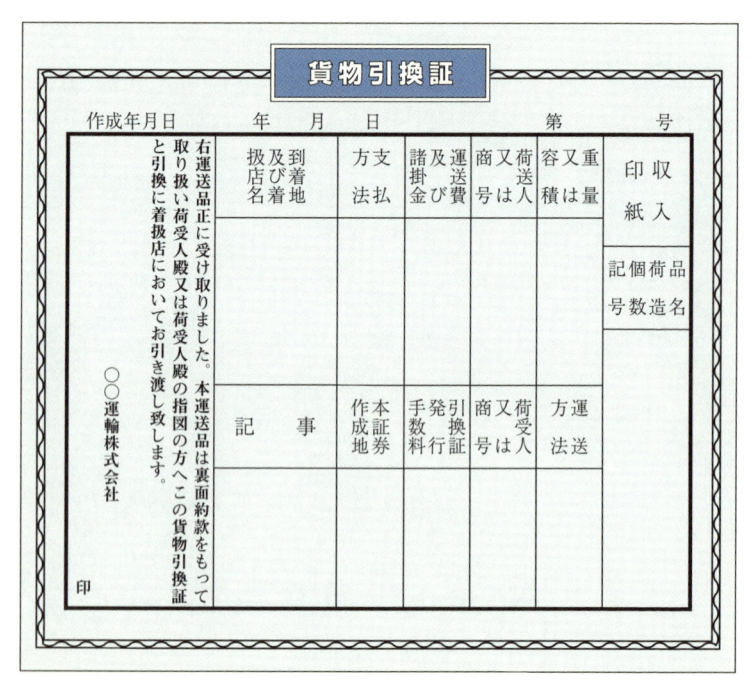

【巻末資料11】倉荷証券

収入印紙		倉 荷 証 券		
寄託者 　　　　殿			No.	

種　類			記号	
品　質				
個　数			荷造	
数量	単量		入庫日	平成　年　月　日
	総量		保管期限	平成　年　月　日
火　災　保　険			保管場所	埼玉県越谷市流通団地5-8-2
金額	単価		摘要	品名、品質、数量、及び火災保険金額は寄託者の申込の儘であって当会社はその責に任じない。
	総額			東京工業品取引所と当会社との契約書第8条に規定する損害保険付保済み（金額，期間及び保険者は火災保険と同じ。
期　間				
保険者				平成　年　月　日迄保管料領収済
保管料				

上記の貨物を裏面の約条に従い、お預かり致しました。寄託者又はその指図人に本証券と引換えにお渡し致します。
　　平成　　年　　月　　日

　　　　　　　作成地　　埼玉県越谷市流通団地5-8-2
　　　　　　　　　　　　〇〇ロジスティックス埼玉支店
　　　　　　　　　　　　取締役
　　　　　　　　　　　　支店長　　丸　沢　四　郎　㊞

保管料起算日
平成　年　月　日

【巻末資料12】荷渡指図書

```
                                    指図書番号
                                    指図日    年   月   日

                      荷渡指図書


    (株)○○○○倉庫        御中

   ┌─────────────────────────────────┐
   │ 荷受人      (株)□□□□商事                │
   ├─────────────────────────────────┤
   │ 品  名                                   │
   ├─────────────────────────────────┤
   │ 数  量              荷姿        重量      │
   ├─────────────────────────────────┤
   │ 受渡期限  年 月 日迄  出庫料・保管料 受渡期限まで株式会社○○○○○負担 │
   ├──────────────────────┬──────────┤
   │ 保管倉庫住所                │    印     │
   ├──────────────────────┤          │
   │ 備  考                    │          │
   └──────────────────────┴──────────┘

   上記の通り、本書と引換えに持参人にお渡しください。
   受渡期限を過ぎた後の保管料は引取人の負担とします。


              株式会社○○○○○         印
        住所_____
```

巻末資料　*197*

【巻末資料13】約束手形

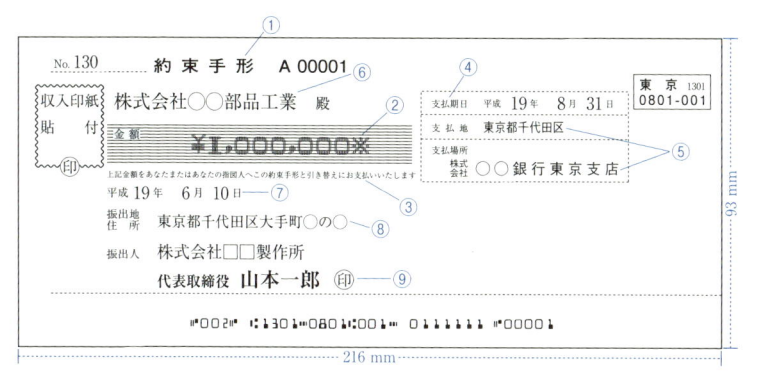

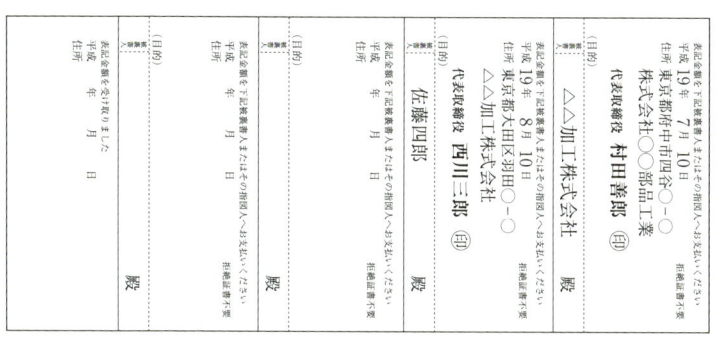

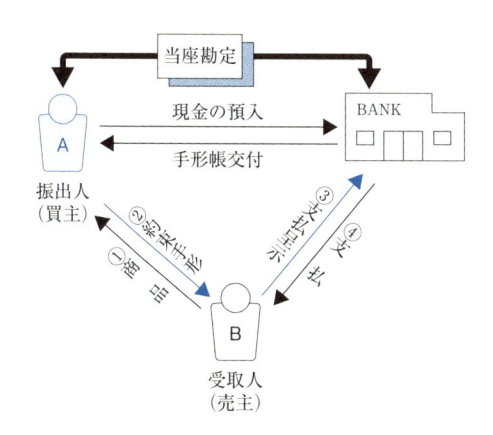

```
No.130    約束手形  A 00001 ⑥            ④ 支払期日  平成 19年 8月 31日    東京 1301
収入印紙  株式会社○○部品工業 殿                 支払地   東京都千代田区         0801-001
貼 付    金額         ②                     支払場所
㊞       ￥1,000,000※                       株式会社 ○○銀行東京支店    ⑤
         上記金額をあなたまたはあなたの指図人へこの約束手形と引き替えにお支払いいたします
         平成 19年  6月 10日 ⑦         ③
         振出地
         住 所  東京都千代田区大手町○の○  ⑧
         振出人  株式会社□□製作所
                 代表取締役 山本一郎 ㊞  ⑨
```

（手形裏面：裏書欄）

〔振出人(買主) A〕← 当座勘定・現金の預入・手形帳交付 →〔BANK〕
A → ①商品 / ②約束手形 → B（受取人(売主)）
B → ③呈示 → BANK、BANK → ④支払 → B

【巻末資料14】 為替手形

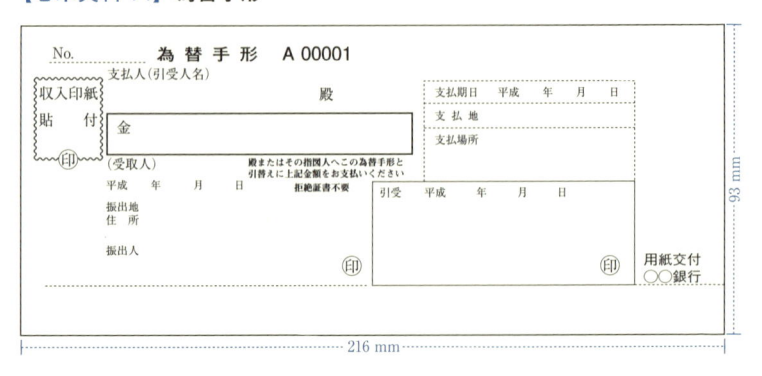

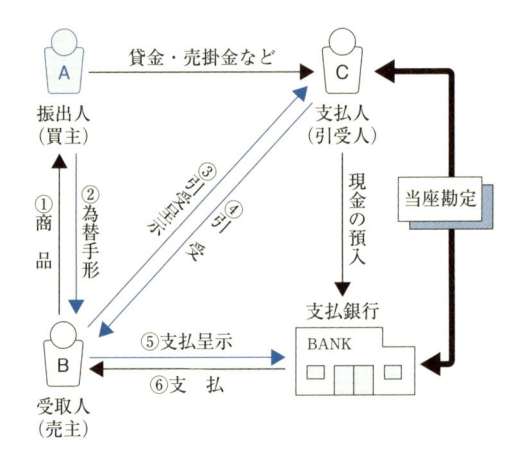

No.　　　　　　　為 替 手 形　A 00001	
収入印紙貼付㊞ 支払人（引受人名）　　　殿 金 （受取人）殿またはその指図人へこの為替手形と引替えに上記金額をお支払いください 拒絶証書不要 平成　年　月　日 振出地住所 振出人　　　　　　　　　　　　　　㊞	支払期日　平成　年　月　日 支払地 支払場所 引受　平成　年　月　日 　　　　　　　　　　　　　　㊞ 用紙交付 ○○銀行

216 mm / 93 mm

```
        A ─── 貸金・売掛金など ───▶ C ◀──┐
     振出人                      支払人    │
     （買主）                   （引受人）  │
        │  ▲       ③引　　      │       │
      ① │  │②    受拒絶      現金の   当座勘定
      商品│  │為    ④          預入    │
        │  │替    引           │       │
        ▼  │手    受           ▼       │
           │形                         │
        B ──── ⑤支払呈示 ─────▶ 支払銀行 ─┘
     受取人 ◀──── ⑥支　払 ────      BANK
     （売主）
```

【巻末資料 15】小 切 手

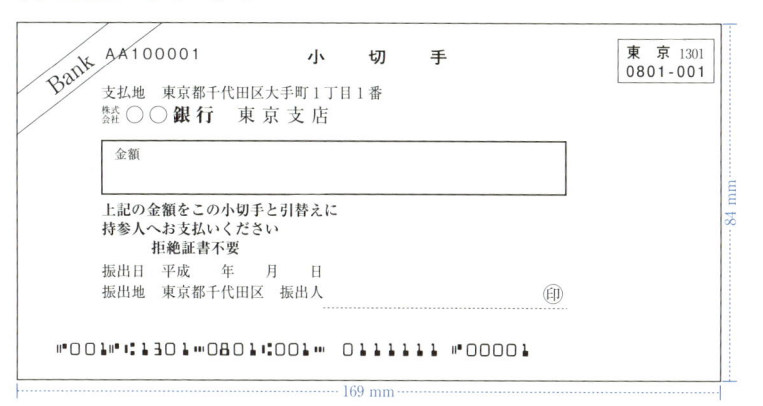

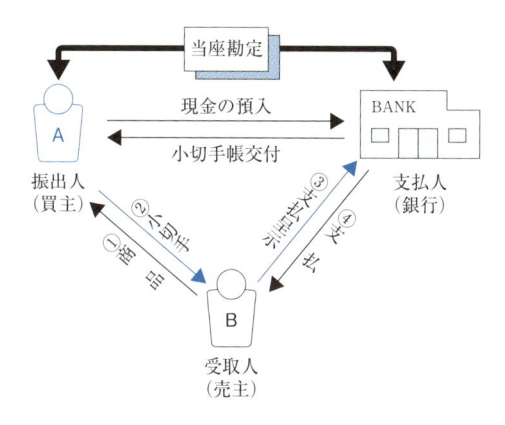

```
Bank  AA100001            小   切   手           東 京 1301
                                                 0801-001
支払地　東京都千代田区大手町 1 丁目 1 番
株式
会社 ○○ 銀行　東京支店

┌─────────────────────────────┐
│ 金額                         │
└─────────────────────────────┘

上記の金額をこの小切手と引替えに
持参人へお支払いください
　　　　　拒絶証書不要
振出日　平成　　年　　月　　日
振出地　東京都千代田区　振出人                   ㊞

⑈001⑈:1301:0801:001: 011111 ⑈00001
```

169 mm × 84 mm

```
              ┌──────┐
         ┌───→│当座勘定│←───┐
         │    └──────┘     │
         │                   │
       ┌─┴─┐  現金の預入  ┌──────┐
       │ A │←───────────→│ BANK │
       └─┬─┘  小切手帳交付└──────┘
     振出人                   支払人
     (買主)                   (銀行)
         ↘                  ↗
          ②小切手振出   ③小切手呈示
           ①商品       ④支払
               ↘    ↗
               ┌─┴─┐
               │ B │
               └───┘
              受取人
              (売主)
```

【巻末資料16】電子記録債権の基本的イメージ

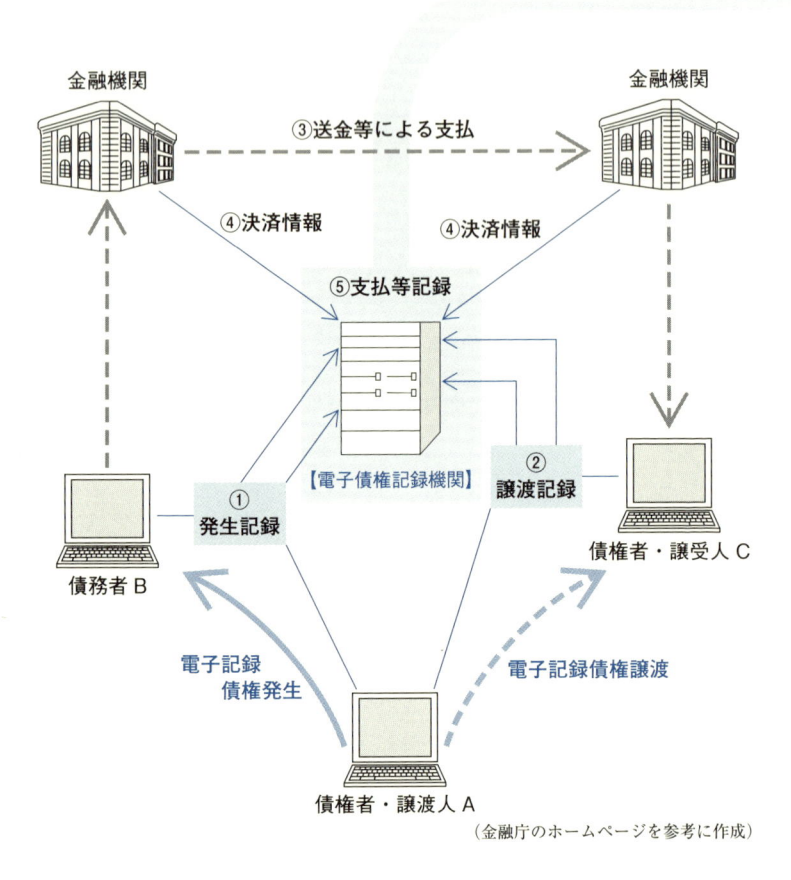

(金融庁のホームページを参考に作成)

電子債権記録機関

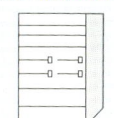

記録原簿
債権記録

発生記録
(債務者が右の金額を支払う。)　1000万円
(支払期日)　　　　　　　　　　2008／11／1
(債権者)　　　　　　　　　　　A（住所……）
(債務者)　　　　　　　　　　　B（住所……）
(記録番号)　　　　　　　　　　1
(支払方法)　　　　　　　　　　口座間送金決済による支払
　(債務者口座)●●銀行▲▲支店・口座番号＊＊＊
　(債権者口座)○○銀行△△支店・口座番号※※※
(利息等)　　　　　　　　　　　（利息）年6％
　　　　　　　　　　　　　　　（遅延損害金）年10％
債務者に倒産手続の開始があったときには，債務者は期限の利益を当然に喪失する。
(譲渡記録可能回数)　　　　　　10回
(電子記録の年月日)　　　　　　2008／8／1

① 上記該当範囲

譲渡記録
電子記録債権を譲渡
(譲受人)　　　　　　　　　　　C（住所……）
(払込先口座)　○○銀行△△支店・口座番号■■■
(電子記録の年月日)　　　　　　2008／9／1

② 上記該当範囲

保証記録
電子記録保証をする。
(保証人)　　　　　　　　　　　A（住所……）
(主たる債務)　　　　　　　　　発生記録に記録されている
　　　　　　　　　　　　　　　債務者の債務
(電子記録の年月日)　　　　　　2008／9／1

支払等記録
(支払等がされた債務)　発生記録に記録されている
　　　　　　　　　　　　　　　債務者の債務
(支払等の内容)　　　　　　　　1015万円支払
　　　　　　　　　　　　　　　（元本充当額1000万円）
(支払等があった日)　　　　　　2008／11／1
(支払等をした者)　　　　　　　B（住所……）
(電子記録の年月日)　　　　　　2008／11／1

⑤ 上記該当範囲

〈例〉
二〇〇八年八月一日にAのBに対する電子記録債権を発生させ、二〇〇八年九月一日にAからCへの電子記録債権の譲渡と電子記録保証がされ、二〇〇八年十一月一日に債務全額につきBの預金口座からCの預金口座への所定の契約に基づく支払が行われた場合の電子記録。

【巻末資料17】手形債権・電子記録債権・指名債権の比較一覧表

	手形債権	電子記録債権	指名債権
発　生 （Ⅲ-2）	交付契約	発生記録　電15条	契約
譲　渡 （Ⅲ-6-1）	手11条（裏書）	譲渡記録　電17条	契約
譲渡人・裏書人の担保責任 （Ⅲ-6-3(2)）	手15条1項	保証記録　電31条	民569条
資格授与的効力 （Ⅲ-6-3(3)）	手16条1項	電9条2項	―
善意取得 （Ⅲ-6-4）	手16条2項	電19条1項	―
人的抗弁の制限 （Ⅲ-7-3）	手17条本文	電20条1項	民468条
支払免責 （Ⅲ-8-5）	手40条3項	電21条	民478・480条
遡　求 （Ⅲ-8-6）	手43条	特別求償権：電35条	―
利得償還請求権 （Ⅲ-8-9）	手85条	―	―

注：法令の略号と法令名の対応は以下の通り。
　　手　手形法
　　電　電子記録債権法
　　民　民法
　　（　）内の数字は，本文中の該当箇所に対応している。

【巻末資料18】裏書の効力

	権利移転的効力 (Ⅲ-6-3(1))	担保的効力 (Ⅲ-6-3(2))	資格授与的効力 (Ⅲ-6-3(3))	善意取得 (Ⅲ-6-4)	人的抗弁の制限 (Ⅲ-7-3)	支払免責 (Ⅲ-8-5)
指名債権譲渡 (Ⅲ-7-1)	○	×	×	×	×	×
通常の譲渡裏書 (Ⅲ-6-1)	○	○	○	○	○	○
白地式裏書 (Ⅲ-6-1(1))	○	○ (単なる交付は×)	○	○	○	○
無担保裏書 (Ⅲ-6-3(2))	○	×	○	○	○	○
裏書禁止裏書 (Ⅲ-6-1(2))	○	×	○	○	×	○
期限後裏書 (Ⅲ-6-5(3))	○	×	○	×	×	○
戻裏書 (Ⅲ-7-5)	○	○ (中間裏書人は×)	○	○	○ (従前のものは×)	○
裏書の抹消 (Ⅲ-6-3(3))	○	×	○	○ (白地裏書説)	○ (白地裏書説)	○ (連続あれば)
取立委任裏書 (Ⅲ-6-5(1)①)	×	×	○	×	×	○
隠れた取立委任裏書 (Ⅲ-6-5(1)②)	○ (当事者間は×)	○ (当事者間は×)	○	×	○ (当事者間は×)	○
質入裏書 (Ⅲ-6-5(2)①)	×	○	○	○	○	○
隠れた質入裏書 (Ⅲ-6-5(2)②)	○ (当事者間は×)	○	○	○	○	○

( ) 内の数字は，本文中の該当箇所に対応している。

【巻末資料19】 手形法と小切手法の構造比較表

手形法	小切手法
第1編　為替手形 (1-74条)	
第1章　為替手形の振出および方式 (1-10条)	第1章　小切手の振出および方式 (1-13条)
第2章　裏書 (11-20条)	第2章　譲渡 (14-24条)
第3章　引受 (21-29条)	
第4章　保証 (30-32条)	第3章　保証 (25-27条)
第5章　満期 (33-37条)	
第6章　支払 (38-42条)	第4章　呈示および支払 (28-36条)
	第5章　線引小切手 (37-38条)
第7章　引受拒絶または支払拒絶による遡求 (43-54条)	第6章　支払拒絶による遡求 (39-47条)
	※第10章　支払保証 (53-58条)
第8章　参加 (55-63条)	
第9章　複本および謄本 (64-68条)	第7章　複本 (48-49条)
第10章　変造 (69条)	第8章　変造 (50条)
第11章　時効 (70-71条)	第9章　時効 (51-52条)
第12章　通則 (72-74条)	第11章　通則 (59-62条)
第2編　約束手形 (75-78条)	

※支払保証とは，支払人が小切手金額を支払うべき義務を負担することを内容とする小切手行為であるが，支払保証人は呈示期間内に呈示があったにもかかわらず支払がされなかった場合に限って右義務を履行することになる点で「遡求」に類似しているため，ここに掲げてある。

■ 事項索引

あ　行

預証券……………………………89
圧縮記帳…………………………26
ある種類又は特定の事項の委任を
　受けた使用人…………………27

異議訴訟 ………………………182
委託者……………………………69
一部支払 ………………………158
一覧後定期払 …………114, 115
一覧払 ………114, 115, 119, 177
一般線引小切手 ………………178
一般に公正妥当と認められる会計
　の慣行…………………………25
一般法 ……………………………2
委任………………………………68
委任契約 ……………………32, 37

受取人 …………………………114
受戻証券性 ……83, 91, 118, 157
裏書 ……………………………132
　──の抹消 …………………139
　──の連続 …137, 140, 156, 160
裏書禁止裏書 …………………134
裏書禁止文句 …………………116
運送状 ……………………………74
運送取扱営業……………………71
運送取扱人………………………71
運送人 ………………………71, 74

営業者……………………………62
営業所……………………13, 28, 42
営業譲渡…………………………19
営業的商行為…5, 65, 68, 71, 74, 85
営業の主任者……………………28
営業の補助者……………………27
営業避止義務……………………28

送り状……………………………74

か　行

外観解釈の原則 ………………106
会計帳簿…………………………24
海上運送…………………………71
介入権……………………………70
買戻請求権…………97, 157, 166
確定期売買………………………54
確定日払 ………114, 115, 120
隠れた質入裏書 ………………145
隠れた取立委任裏書 …………144
過失責任…………………………75
貨物引換証 …………71, 80, 81, 91
為替手形…………………96, 174
河本フォーミュラ ……………150
完全有価証券……………………96

機関方式 …………………105, 124
企業会計原則……………………25
期限後裏書 ……………146, 155
擬制商人 …………………………3
偽造 ……………………………127
基本的商行為 ……………………4
基本的手形行為 ………………103
記名式裏書 ……………………132
記名捺印 ………………………105
客観解釈の原則 ………………106
給付受領代理権…………………66
競業避止義務……………………28

供託	53
共同振出	103, 116, 146, 180
共同振出人	164
強迫	111
許諾	16
銀行取引	7
禁反言	11, 22
倉荷証券	89
計算書	61
形式的資格	138, 167
継続性の原則	26
競売	53
結約書	65
原因関係	100
原因債権	170
原始取得	140
原状回復義務	57
現物出資	20
顕名主義	36
権利移転的効力	136
高価品	76
交換手形	149
航空運送	71
交互計算期間	59
交互計算不可分の原則	59
口座間送金決済契約	102
公示催告	167
後者の抗弁	153
公然の質入裏書	145
公然の取立委任裏書	143
合同責任説	103
交付欠缺	109
小切手	96, 176
小切手契約	176
小切手訴訟	180
小商人	3, 24
古典的交互計算	60

さ　行

債権記録	102, 104
債権譲渡	169
催告	54, 165
裁判上の請求	165
債務を引き受ける広告	22
詐害行為取消訴訟	145
詐欺	110
先日付小切手	177
錯誤	110
指図禁止手形	142
指図禁止文句	116
指図証券	91, 132
指図証券性	82, 135
指図による占有移転	92
指図文句	117
資格授与的効力	137
自己宛小切手	176
自己宛先日付小切手	27
時効中断の人的効力	164
持参人払式小切手	176
事実の不法行為	17
私製手形	98, 180
質入証券	89
実行購買	5
実質関係	100
支配人	27
支払拒絶証書	146
支払拒絶宣言	177
支払指図説	175
支払証券	176
支払地	114
支払呈示	156
支払呈示期間	156, 177

支払等記録	162	使用人	32
支払場所	114	消費者保護	173
支払約束文句	113, 116	除権決定	167
指名債権	169	処分証券性	82
指名債権譲渡	117, 135, 147	署名	103, 105, 115
準問屋	71	書面行為	103
準備行為	8, 13	書面性	106
場屋における取引	6	白地式裏書	132, 137
償還義務	165	白地手形	119
商慣習	2, 91	白地補充権	119, 121
商業証券	5, 59	仕訳帳	24
商業使用人	27, 49	人的抗弁	135, 147
商業信用	96	人的抗弁の個別性	153, 171
商業帳簿	24	信用証券	176
商業登記	9		
商業登記事項	9	正当な事由	10
商業登記簿	9	責任限度額	76, 87, 88
消極的効力	167	積極的効力	167
承継取得	140	設権証券性	100
商号	13, 63	絶対的商行為	4, 104
商行為	3, 103	善意取得	138, 140, 141
商号真実主義	13	線引小切手	178
商号選定自由の原則	13		
商号単一の原則	13	総勘定元帳	24
証拠証券	75	倉庫営業者	88
商事寄託	85	倉庫証券	89, 92
商事消滅時効	4, 7	倉庫証券控帳	25, 90
商事仲立人	7, 32, 51	双方代理	126
商事売買	53	相次運送	78
商事法定利息	46	相次運送取扱	73
商事法定利率	41	遡求	163, 177
使用者責任	127	遡求義務	163
証書貸付	96	遡求権	156, 174
商事留置権	48	遡求権保全手続	163
譲渡記録	117, 136	訴訟信託	145
譲渡禁止特約	134	損益計算書	24
商人	2, 27, 32, 49, 51, 65		
承認	166		

た 行

代行権限 …………………………105
第三者方払い …………………114
貸借対照表 ……………………24, 63
代弁済請求権……………………52
代理 ……………………………32, 68
代理意思 …………………………36
代理権限 …………………………105
代理商 ……………………27, 32, 49, 69
代理方式 ………………………124
諾否通知義務……………………50
段階的交互計算…………………60
単券主義…………………………89
担保的効力 ……………………136

遅延損害金………………………40
中間運送取扱人…………………73

追認 ……………………………124, 127
通知 ………………………………54
通知義務…………………………69

呈示証券性 ……………………156
提出命令…………………………25
締約代理商………………………32
手形書換 ……………………151, 158
手形貸付…………………………96
手形権利能力 …………………108
手形行為 ………………………103
手形行為独立の原則 ……107, 164
手形行為能力 …………………108
手形交換所………………………97
手形交換制度…………………98, 159
手形債務不存在確認訴訟 ……181
手形訴訟 ………………………180
手形能力 ………………………108
手形保証 ……………………165, 171
　——の独立性 ………………171

隠れた—— ……………………172
手形保証独立の原則 …………171
手形有効解釈の原則 …………106
手形要件 ……………………113, 168
手形割引 ……………………49, 97, 164
電子記録義務者 ………………104
電子記録権利者 ………………104
電子記録債権…………………98, 170
電子記録債権者 ………………162
電子記録保証 ………………166, 172
　——の独立性 ………………172
電子記録保証債務 ……………172
電子記録保証人 ……………170, 172
電子記録名義人 ………………162
電子債権記録機関………………98

問屋……………………………27, 68, 71
統一小切手用紙…………………97
統一手形用紙……………………97
登記申請権者……………………11
投機売却 …………………………5
登記名義者………………………11
当座勘定取引 …………………160
当座勘定取引契約
　……………16, 97, 105, 160, 176
当座預金口座……………………97
特定線引小切手 ………………178
特別求償権 ……………………170
特別法 ……………………………2
匿名組合…………………………62
匿名組合員………………………62
独立性 …………………………107
取次ぎ …………………………29, 68, 71
取引の不法行為…………………17

な 行

名板貸……………………………15
名板貸人…………………………14

仲立ち	7, 65	不特定物売買	55
仲立人	27, 65	振出	103
仲立人日記帳	25, 66	振出地	115
仲立料平分負担主義	66	振出日	115
		不渡処分制度	159
荷受人	71, 74	分割記録	134, 136
荷送人	71, 74	分割債務の原則	38
二重起訴の禁止	181		
二重譲渡	133	平常取引	59
二重無権の抗弁	154	変更記録	130
任意的記録事項	117	変造	129
		補充性	173
		保証記録	172

は 行

媒介	7, 32, 52, 65	補助的商行為	4
媒介代理商	32		
発生記録	104, 116, 117, 142		

ま 行

引受	174	満期	114, 119
引受呈示	174	満期前の支払	161
引換文句	118		
引渡証券	92	民事仲立人	66
日付後定期払	114, 115	民事法定利率	40
必要的記載事項	113	民法	2
必要的記録事項	116	民法組合	62
表見支配人	10, 28		
表見代表取締役	126	無因証券性	100
表見代理	125	無因性	106
		無益的記載事項	118
不可抗力	75, 85	無限責任	63
複券主義	89	無権代理	124
不正の目的	14	無権利の抗弁	149
附属的商行為	8, 38, 49, 104	無償寄託	85, 93
付属の手形行為	103	無担保裏書	137
物権的効力	82, 92		
物的抗弁	148	明告	77, 87
物品運送	71		
物品販売店舗の使用人	27	戻裏書	143, 152
物品保管義務	50	文言証券	105

文言証券性……………………81
文言性 …………………………106

や　行

約束手形………………………96
約束手形文句 …………………113
屋号……………………………20

有因証券………………………81
有益的記載事項 …………116, 118
有害的記載事項 ………………118
有価証券 …………………75, 96
融通手形 ………………………148
誘導法…………………………24

要式証券性 ……………………103

要式性 …………………………106

ら　行

利益相反取引 …………………126
陸上運送………………………71
履行担保責任…………………69
履行遅滞………………………55
利得償還請求権 ………………168
流質契約………………………42
留置権…………………………70
旅客運送………………………71

連帯債務………………………39
連帯保証………………………39

労働契約………………………41

■ 判例索引

大判明 34・10・24 民録 7・9・124 ……………………………………115
大判明 38・2・23 民録 11・259 …………………………………106, 115
大判明 39・5・17 民録 12・837 ……………………………………109
大判明 40・6・21 民録 13・694 ………………………………………72
大判明 41・1・21 民録 14・13 ………………………………………43
大判明 41・10・12 民録 14・999 ……………………………………10
大判明 44・3・24 民録 17・159 ………………………………………43
大判明 44・5・16 民録 17・287 ………………………………………41
大判明 44・5・23 民録 17・320 ………………………………………39
大判明 45・2・8 民録 18・93 …………………………………………78
大判明 45・2・29 民録 18・148 ………………………………………38

大判大 4・2・8 民録 21・75 …………………………………………43
大判大 4・5・27 民録 21・821 ………………………………………138
大判大 4・6・22 新聞 1043・29 ……………………………………138
大判大 4・9・14 民録 21・1457 ……………………………………166
大判大 4・10・13 民録 21・1679 ……………………………………169
大判大 5・5・10 民録 22・936 ………………………………………44
大判大 5・12・6 民録 22・2374 ……………………………………103
大判大 7・10・2 民録 24・1947 ……………………………………157
大判大 7・10・29 民録 24・2079 ……………………………………101
大判大 8・5・19 民録 25・875 …………………………………………2
大判大 8・6・19 民録 25・1058 ……………………………………168
大判大 10・3・15 民録 27・434 ……………………………………117
大判大 10・6・10 民録 27・1127 ……………………………………54
大判大 10・9・29 民録 27・1707 ……………………………………44
大判大 10・10・1 民録 27・1686 …………………………………120
大判大 11・9・29 民集 1・564 ……………………………………109
大判大 11・11・25 民集 1・674 ……………………………………174
大決大 11・12・8 民集 1・714 ………………………………………13
大判大 13・3・7 民集 3・91 ………………………………………146
大決大 13・6・13 民集 3・280 ………………………………………13
大判大 13・7・18 民集 3・399 ………………………………………82
大判大 13・12・25 民集 3・570 ……………………………………174
大連判大 14・5・20 民集 4・264 …………………………………118
大判大 15・3・12 民集 5・181 ……………………………………157
大連判大 15・5・22 民集 5・426 …………………………………114
大判大 15・9・16 民集 5・688 ………………………………………83
大判大 15・10・18 評論 16・商 158 ………………………………119
大判大 15・12・16 民集 5・846 ……………………………………106

判例	頁
大判大 15・12・17 民集 5・850	132
大判昭元・12・28 評論 16・民訴 166	144
大判昭 2・7・7 民集 6・380	143
大判昭 3・1・9 民集 7・1	169
大判昭 3・2・6 民集 7・45	115
大判昭 4・9・28 民集 8・769	5
大判昭 5・9・13 新聞 3182・14	76
大判昭 6・5・22 民集 10・262	115
大判昭 6・7・20 民集 10・561	97
大判昭 6・11・13 民集 10・1013	82
大判昭 7・4・30 新聞 3408・8	114
大判昭 7・11・19 民集 11・2120	115
大判昭 8・2・23 民集 12・449	91
大判昭 8・4・6 民集 12・551	165
大判昭 8・9・15 民集 12・2168	115
大判昭 8・11・20 民集 12・2718	139
大判昭 11・2・12 民集 15・357	91
大判昭 11・3・11 民集 15・320	60
大判昭 12・2・13 民集 16・112	177
大判昭 12・11・24 民集 16・1652	156
大判昭 12・11・26 民集 16・1681	6
大判昭 13・2・28 新聞 4246・16	7
大判昭 13・4・8 民集 17・664	44
大判昭 13・8・1 民集 17・1597	49
大判昭 13・12・19 民集 17・2670	114
大判昭 13・12・27 民集 17・2848	81
大判昭 14・6・30 民集 18・729	90
大判昭 14・12・27 民集 18・1681	39
大判昭 15・7・20 民集 19・1379	179
大判昭 17・4・4 法学 11・12・1289	55
大判昭 17・6・29 新聞 4787・13	87
大判昭 17・9・8 新聞 4799・10	25
大判昭 18・1・15 法学 12・9・791	82
大判昭 18・7・12 民集 22・539	6
大判昭 19・6・23 民集 23・378	150
最判昭 23・10・4 民集 2・11・376	101
最判昭 25・2・10 民集 4・2・23	111
最判昭 26・10・19 民集 5・11・612	111
最判昭 27・10・21 民集 6・9・841	127
大阪高判昭 28・3・23 高民 6・2・78	107
最判昭 28・10・9 民集 7・10・1072	50
最判昭 29・1・22 民集 8・1・198	56
最判昭 29・4・2 民集 8・4・782	149

判例索引 *213*

最判昭29・9・10民集8・9・1581 …………………………………41
最判昭29・10・7民集8・10・1795 …………………………………22
大阪高判昭29・10・15高民7・10・795 ……………………………109
最判昭29・10・15民集8・10・1898 …………………………………10
最判昭29・10・29金判529・13 ………………………………………178
最判昭29・11・18民集8・11・2052 …………………………………110
最判昭30・4・12民集9・4・474 ……………………………………72
最判昭30・5・31民集9・6・811 ……………………………………150
最判昭30・7・15民集9・9・1069 ……………………………………29
最判昭30・9・8民集9・10・1222 ……………………………………40
最判昭30・9・9民集9・10・1247 ……………………………………18
最判昭30・9・23民集9・10・1403 …………………………………138
最判昭30・9・29民集9・10・1484 ……………………………………8
東京地判昭30・11・15下民6・11・2386 ……………………………57
最判昭30・11・18民集9・12・1763 …………………………………150
最判昭31・2・7民集10・2・27 ……………………………………144
最判昭31・4・27民集10・4・459 ……………………………………159
最判昭31・7・20民集10・8・1022 …………………………………123
最判昭31・10・12民集10・10・1260 …………………………………69
最判昭32・1・31民集11・1・161 ……………………………………16
最判昭32・2・19民集11・2・295 ……………………………………90
最判昭32・5・30民集11・5・854 ……………………………………68
最判昭32・7・16民集11・7・1254 …………………………………127
最判昭32・12・5民集11・13・2060 …………………………………139
最判昭33・3・7民集12・3・511 ……………………………………156
最判昭33・3・20民集12・4・583 ……………………………………107
最判昭33・6・17民集12・10・1532 …………………………………125
最判昭33・6・19民集12・10・1575 ……………………………………8
最判昭33・9・11民集12・13・1998 …………………………………146
福岡高判昭33・10・17高民11・8・533 ……………………………165
最判昭33・10・24民集12・14・3237 …………………………………139
高松高判昭34・4・27高民12・3・115 ……………………………165
最判昭34・6・9民集13・6・664 ……………………………………178
最判昭34・7・14民集13・7・978 ……………………………………148
大阪高判昭34・8・3高民12・10・455 ……………………………146
最判昭34・8・18民集13・10・1275 …………………………………120
最判昭35・1・12民集14・1・1 ……………………………………138
最判昭35・2・11民集14・2・184 ……………………………………151
最判昭35・3・17民集14・3・451 ……………………………………76
最判昭35・3・27民集14・4・501 ……………………………………92
最判昭35・4・15民集14・5・833 ……………………………………125
最判昭35・5・6民集14・7・1136 ……………………………………43
最判昭35・7・8民集14・9・1720 ……………………………………101
最判昭35・10・21民集14・12・2661 …………………………………15

最判昭 35・10・25 民集 14・12・2720	150
最判昭 35・10・25 民集 14・12・2775	157
最判昭 35・11・1 民集 14・13・2781	44
最判昭 35・12・2 民集 14・13・2893	55
最判昭 35・12・27 民集 14・14・3253	165
最判昭 36・3・28 民集 15・3・609	138
最判昭 36・6・9 民集 15・6・1546	128
最判昭 36・7・31 民集 15・7・1982	103
東京地判昭 36・8・7 金法 286・5	30
最判昭 36・10・13 民集 15・9・2320	23
最判昭 36・11・10 民集 15・10・2466	139
最判昭 36・11・24 民集 15・10・2519	137
最判昭 36・11・24 民集 15・10・2536	121
最判昭 36・12・12 民集 15・11・2756	125
最判昭 37・2・20 民集 16・2・341	113
最判昭 37・5・1 民集 16・5・1013	151
最判昭 37・5・1 民集 16・5・1031	30
最判昭 37・9・21 民集 16・9・2041	176
最大判昭 38・1・30 民集 17・1・99	165
東京地判昭 38・1・31 下民 14・1・143	103
最判昭 38・3・1 民集 17・2・280	21
最判昭 38・5・21 民集 17・4・560	169
最判昭 38・8・23 民集 17・6・851	177
最判昭 38・11・5 民集 17・11・1510	76
最判昭 38・11・19 民集 17・11・1401	125
最判昭 39・3・10 民集 18・3・458	29
最判昭 39・4・21 民集 18・4・552	116
最判昭 39・5・26 民集 18・4・635	44
最判昭 39・9・15 民集 18・7・1435	125
最判昭 39・11・24 民集 18・9・1952	165
最判昭 39・12・4 判時 391・7	177
最判昭 40・4・9 民集 19・3・632	126
最判昭 40・4・9 民集 19・3・647	152
最大判昭 40・9・22 民集 19・6・1600	19
東京地判昭 40・11・11 下民 16・11・1685	103
最判昭 41・1・27 民集 20・1・111	17
最判昭 41・4・22 民集 20・4・734	157
最判昭 41・6・16 民集 20・5・1046	122
最判昭 41・6・21 民集 20・5・108	137
最判昭 41・7・1 判時 459・74	127
最判昭 41・9・13 民集 20・7・1359	132
最判昭 41・10・13 民集 20・8・1632	120
最大判昭 41・11・2 民集 20・9・1674	120
最判昭 41・11・10 民集 20・9・1756	122

最判昭 41・12・20 民集 20・10・2106 ……………………………………79
最判昭 42・2・3 民集 21・1・103 ………………………………………132
東京地判昭 42・3・4 下民 18・3＝4・209 ……………………………56
最判昭 42・3・14 民集 21・2・349 …………………………………122, 129
最判昭 42・3・31 民集 21・2・483 ……………………………………169
最判昭 42・4・27 民集 21・3・728 ……………………………………149
最判昭 42・6・6 判時 487・56 …………………………………………15
最判昭 42・10・6 民集 21・8・2051 …………………………………44
最判昭 42・11・17 判時 509・63 ………………………………………93
最判昭 43・3・21 民集 22・3・665 ……………………………………168
最大判昭 43・4・24 民集 22・4・1043 ………………………………37
最判昭 43・6・13 民集 22・6・1171 …………………………………16, 17
最判昭 43・11・1 民集 22・12・2402 …………………………………10
最判昭 43・12・24 民集 22・13・3382 ………………………………127
最大判昭 43・12・25 民集 22・13・3548 ……………………………153
最判昭 44・3・4 民集 23・3・586 ……………………………………114
最判昭 44・3・27 民集 23・3・601 ……………………………………145
最判昭 44・4・3 民集 23・4・737 …………………………………108, 131
最判昭 44・4・15 民集 23・4・755 ……………………………………91
最判昭 44・6・26 民集 23・7・1264 …………………………………8, 52
最判昭 44・8・29 判時 570・49 …………………………………………55
最判昭 44・9・12 判時 572・69 …………………………………………161
最判昭 44・11・14 民集 23・11・2023 ………………………………131
最判昭 45・3・21 民集 24・3・182 ……………………………………172
最判昭 45・4・21 判時 593・87 …………………………………………77
最判昭 45・4・21 民集 24・4・283 ……………………………………171
最大判昭 45・6・24 民集 24・6・712 …………………………………137
最判昭 45・7・16 民集 24・7・1077 …………………………………154
最判昭 45・10・22 民集 24・11・1599 ………………………………52
最判昭 46・2・23 民集 25・1・151 ……………………………………126
最判昭 46・6・10 民集 25・4・492 ……………………………………160
最判昭 46・7・1 判時 644・85 …………………………………………176
最大判昭 46・10・13 民集 25・7・900 ………………………………126
最判昭 46・11・16 民集 25・8・1173 …………………………………109
最判昭 47・1・25 判時 662・85 …………………………………………56
最判昭 47・2・10 民集 26・1・17 ……………………………………106
最判昭 47・2・24 民集 26・1・172 ……………………………………8
最判昭 47・3・2 民集 26・2・183 ………………………………………20
最判昭 47・4・4 民集 26・3・373 ……………………………………126
最判昭 47・4・6 民集 26・3・455 ……………………………………167
最判昭 47・5・25 判時 671・83 …………………………………………41
最判昭 47・6・15 民集 26・5・984 ……………………………………11
最判昭 48・3・29 判時 705・103 ………………………………………92
最判昭 48・10・5 判時 726・92 …………………………………………4

最判昭 48・10・30 民集 27・9・1258 ……………………37
最判昭 49・2・28 民集 28・1・121 ……………………135
最判昭 49・3・22 民集 28・2・368 ……………………12
最判昭 49・6・28 民集 28・5・655 ……………………128
最判昭 49・12・24 民集 28・10・2140 …………………139
最判昭 50・6・27 判時 785・100 …………………7, 42
最判昭 50・8・29 判時 793・97 ……………………163
最判昭 50・9・25 民集 29・8・1287 …………………158
最判昭 51・4・8 民集 30・3・183 ……………………167
最判昭 51・6・30 判時 836・105 ……………………30
最判昭 51・7・9 判時 819・91 ………………………41
最判昭 51・10・1 金判 512・33 ………………………28
最判昭 52・6・20 判時 873・97 ……………………141
最判昭 52・12・9 判時 879・135 ……………………125
最判昭 52・12・23 判時 880・78 ……………………10
最判昭 52・12・23 民集 31・7・1570 …………………17
最判昭 53・1・23 民集 32・1・1 ……………………166
最判昭 53・4・20 民集 32・3・670 ……………………78
最判昭 53・4・24 判時 893・86 ……………………117
最判昭 54・4・6 民集 33・3・329 ……………………145
最判昭 54・5・1 判時 931・112 ……………………27
大阪高判昭 54・9・5 判時 953・118 …………………164
最判昭 54・9・6 民集 33・5・630 ……………………110
最判昭 54・10・12 判時 946・105 ……………………159
最判昭 55・1・24 民集 34・1・61 ……………………45
大阪高判昭 55・2・29 判時 973・122 …………………157
最判昭 55・3・25 判時 967・61 ……………………78
最判昭 55・3・27 判時 970・169 ……………………157
最判昭 55・5・30 民集 34・3・521 ……………………166
最判昭 55・7・15 判時 982・144 ……………………16
最判昭 55・9・5 民集 34・5・667 ……………………129
最判昭 55・9・11 民集 34・5・717 ……………………11
最判昭 55・10・14 判時 985・119 ……………………120
最判昭 55・11・27 判時 986・107 ……………………129
最判昭 55・12・18 民集 34・7・942 ……………………146
東京高判昭 56・6・18 判時 1016・110 …………………21
最判昭 56・10・1 判時 1027・118 ……………………117
東京高決昭 56・12・7 下民 32・9-12・1606 …………25
最判昭 57・1・19 民集 36・1・19 ……………………41
最判昭 57・3・30 民集 36・3・501 ……………………121
最判昭 57・4・1 判時 1046・124 ……………………165
最判昭 57・7・8 判時 1055・130 ……………………91
最判昭 57・7・15 民集 36・6・1113 ……………………165
最判昭 57・9・7 民集 36・8・1527 ……………………92

最判昭 57・9・7 民集 36・8・1607 …………………………164
最判昭 57・9・30 判時 1057・138 ……………………………146
大阪高判昭 57・12・17 判時 1077・134 ………………………161
最判昭 58・1・25 判時 1072・144 ………………………………18
最判昭 58・4・7 民集 37・3・219 ……………………………160
最判昭 59・3・29 判時 1135・125 ………………………………30
最判昭 59・5・29 金法 1069・31 ………………………………50
最判昭 60・3・26 判時 1156・143 ……………………………144
最判昭 61・7・10 民集 40・5・925 ……………………………113
最判昭 61・7・18 民集 40・5・977 ……………………………137
大阪地判昭 61・12・24 民集 46・7・1135 ……………………57
最判昭 62・4・16 判時 1248・127 ………………………………12
大阪高判昭 62・7・16 判時 1258・130 ………………………181
最判昭 62・7・17 民集 41・5・1359 …………………………129
最判昭 63・3・25 判時 1296・52 ………………………………77
最判昭 63・10・18 民集 42・8・575 ……………………………4

東京地判平元・4・20 判時 1337・129……………………77, 79
東京地判平元・9・12 判時 1345・122 …………………………30
大阪地判平元・11・30 判時 1363・147 ………………………123
最判平 2・2・22 商事法務 1209・49 ……………………………31
東京地判平 2・2・26 金判 855・34 ……………………………178
東京地判平 2・3・28 判時 1353・119 ……………………………77
最判平 3・4・26 判時 1389・145 ………………………………45
東京地判平 3・9・2 判時 1417・124 …………………………182
大阪地判平 3・11・11 判時 1461・156 …………………………79
東京高判平 4・4・28 判タ 801・222 ……………………………7
最判平 4・10・20 民集 46・7・1129 ……………………………57
最判平 5・7・20 民集 47・7・4652 ……………………………121
東京地判平 6・3・10 金法 1402・37 …………………………169
最判平 6・4・19 民集 48・3・922 ………………………………12
最判平 7・7・14 判時 1550・120 ………………………………151
最判平 7・11・30 民集 49・9・2972 ……………………………15
東京地判平 8・9・12 判時 1590・140 …………………………164
東京地判平 8・9・27 判時 1601・149 …………………………86
最判平 9・2・27 民集 51・2・686 ……………………………115
福岡高那覇支判平 9・7・15 判時 1620・148 …………………127
東京地判平 10・3・19 金法 1531・69 …………………………108
最判平 10・4・14 民集 52・3・813 ……………………………39
最判平 10・4・30 判時 1646・162 ………………………………76
東京地判平 10・5・13 判時 1676・129 …………………………77
最判平 10・7・14 民集 52・5・1261 ……………………………49
東京地判平 10・7・16 判タ 1009・245 …………………………52
東京高判平 10・8・27 高民 51・2・102 ………………………50

東京高決平 10・11・27 判時 1666・141 ②……………………………48
東京高決平 10・12・11 判時 1666・141 ①……………………………48
東京高判平 11・8・9 判時 1692・136 ……………………………………56
函館地判平 12・2・24 判時 1723・102 …………………………………36
東京高判平 12・6・22 金判 1103・23 ……………………………………70
大阪高判平 12・7・31 判時 1746・94 ……………………………………69
東京高判平 12・8・17 金判 1109・51 ……………………………………141
大阪高判平 12・9・28 判時 1746・139 …………………………………86
東京地判平 12・12・21 金法 1621・54 …………………………………22
東京高判平 12・12・27 金判 1122・27 …………………………………23
最判平 13・1・25 民集 55・1・1 ………………………………………167
東京高判平 13・10・1 判時 1772・139 …………………………………20
東京高判平 14・7・4 判時 1796・156 …………………………………121
東京高判平 14・9・26 判時 1807・149 …………………………………20
東京高判平 15・1・27 金法 1675・63 ……………………………………166
最判平 15・2・28 判時 1829・151 …………………………………………87
大阪地判平 15・10・15 金判 1178・19 …………………………………26
東京地判平 15・11・17 判時 1839・83 …………………………………181
最判平 16・2・20 民集 58・2・367 ………………………………………21
大阪高判平 16・5・25 判時 1863・115 …………………………………25
東京地判平 16・7・26 金判 1231・42 ……………………………………22
東京地判平 16・10・12 判時 1886・111 ② ……………………………25
秋田地判平 17・4・14 判時 1936・167 ………………………………86, 87
東京地判平 17・9・21 判夕 1205・221 …………………………………26
東京地判平 17・10・4 判時 1944・113 …………………………………83
東京地判平 18・3・24 判時 1940・158 …………………………………20
最判平 18・6・23 判時 1943・146 …………………………………………4
最判平 19・2・13 民集 61・1・182 ………………………………………41
福岡高判平 19・2・22 判時 1972・158 …………………………………144
最判平 19・7・19 民集 61・5・2019 ………………………………………68
最判平 20・1・28 民集 62・1・128 ………………………………………45
最判平 20・2・22 民集 62・2・576 …………………………………………3
最判平 20・6・10 裁時 1461・17 …………………………………………21
最判平 20・7・18 刑集 62・7・2101 ……………………………………26
最判平 23・12・15 民集 65・9・3511 ……………………………………49

おわりに

　本書を通読した方々には，以下の二つをお願いしたい。

　一つ目は，総復習と知識の有機的結合とをかねて，是非とも「条文の素読」を行って貰いたいということである。本書で扱った，「商法総則」「商行為法」「手形法」「小切手法」，それから「電子記録債権法」について，実際に声を出して条文を隅から隅まで読み直してもらいたいと思う。

　この点，園部逸夫（元最高裁判所判事）他編集代表『現行六法』（ぎょうせい）に収録されている，「手形法」・「小切手法」・「保険法」については，私自身が全ての参照条文や重要判例の選定・編集を行っているので，本書と併せて利用して頂ければ，勉強の効率が向上しよう。知識の有機的結合を図る意味でも，各条文を素読する際には，横着せずに，参照条文にまで目を光らせて欲しい。

　二つ目は，法律の知識は，これを実際に活用できて初めて「身に付いた」と言えるのであり，その意味で問題演習を積極的に行って貰いたいということである。わからない問題に出会ったら，本書と行きつ戻りつして，自分の頭で考え抜いて欲しい。

　この点，問題演習がとりわけ重要と思われる「手形法・小切手法」の分野における演習書として，堀口亘編著『演習ノート　手形法・小切手法』（法学書院　2003年）を薦めたい。同書はやや古いが，旧司法試験の過去問を多くとりあげ，また実戦的な「答案の書き方」にまで指導が及んでおり，信頼に値する良書である。

　読者の方々の益々の研究の進展を願っている。

2011年　盛夏
小川　宏幸

著者紹介

小川　宏幸（おがわ　ひろゆき）

一橋大学大学院国際企業戦略研究科准教授。一橋大学博士（法学）。
東京大学法学部卒（法学士）。米国ニューヨーク州弁護士。

主要著書

『アメリカ証券法』（単著（翻訳）・レクシスネクシスジャパン）
『法学叢書　金融商品取引法』（単著・新世社）
『新基本法コンメンタール　会社法 2』（共著・日本評論社）
『新　現代会社法』（共著・嵯峨野書院）
『会社法・金融法の新展開——川村正幸先生退職記念論文集』（中央経済社）

コンパクト 法学ライブラリ＝8
コンパクト　商法総則・商行為法
／手形・小切手法

| 2011年11月10日© | 初　版　発　行 |
| 2014年 3 月25日 | 初版第 2 刷発行 |

著　者　小　川　宏　幸　　　発行者　木　下　敏　孝
　　　　　　　　　　　　　　印刷者　山　岡　景　仁
　　　　　　　　　　　　　　製本者　米　良　孝　司

【発行】　　　　　　株式会社　新世社
〒151-0051　　東京都渋谷区千駄ヶ谷 1 丁目 3 番 25 号
☎(03)5474-8818(代)　　　サイエンスビル

【発売】　　　　　　株式会社　サイエンス社
〒151-0051　　東京都渋谷区千駄ヶ谷 1 丁目 3 番 25 号
営業☎(03)5474-8500(代)　　　振替 00170-7-2387
FAX☎(03)5474-8900

印刷　三美印刷　　製本　ブックアート
《検印省略》

本書の内容を無断で複写複製することは，著作者および
出版者の権利を侵害することがありますので，その場合
にはあらかじめ小社あて許諾をお求め下さい。

ISBN978-4-88384-174-5
PRINTED IN JAPAN

サイエンス社・新世社のホームページ
のご案内
http://www.saiensu.co.jp
ご意見・ご要望は
shin@saiensu.co.jp　まで。